Je me souviens

ÉTONNANTS • CLASSIQUES

Je me souviens

Présentation, notes, dossier et cahier photos
par Élise CHEDEVILLE,
agrégée de lettres modernes
et professeur de « culture générale et expression » en BTS,
et Grégoire SCHMITZBERGER,
agrégé de lettres classiques

Flammarion

Dans la même collection

1re année – Le manuel

Culture générale et expression

2e année

Les anthologies sur les thèmes aux programmes

Ces objets qui nous envahissent : objets cultes, culte des objets

Cette part de rêve que chacun porte en soi

Le Détour

Faire voir : quoi, comment, pour quoi ?

La Fête

Génération(s)

Paroles, échanges, conversations et révolution numérique

Rire : pour quoi faire ?

Le Sport, miroir de notre société ?

Le recueil de nouvelles intégrales pour enrichir ses références culturelles sur les thèmes aux programmes

Histoires de ceux qui oublient… ou pas (en lien avec *Je me souviens*)

ISBN : 978-2-0813-4783-0
ISSN : 1269-8822

SOMMAIRE

■ **Présentation** 9

I. MÉCANIQUE ET DYNAMIQUE DU SOUVENIR

1. FONCTIONNEMENT DU SOUVENIR 12
Zoom sur : Où se situe la mémoire ? 13
Henri Bergson, *Matière et Mémoire* 14
Jean-François Marmion, « Mémoire : n'oublie pas d'oublier » 16
Marcel Proust, *Du côté de chez Swann* 19
Jean-Marie Gustave Le Clézio, *L'Africain* 22

2. LE SOUVENIR : À LA CROISÉE DU PERSONNEL ET DU COLLECTIF 25
Albert Cohen, *Le Livre de ma mère* 26
Olivier Luminet, « Souvenirs flashes : le rôle des émotions » 28
Alain Rémond, *Chaque jour est un adieu* 32
Maurice Halbwachs, *La Mémoire collective* 35

3. LE SOUVENIR : OUBLI, RECONSTRUCTION ET IDÉALISATION 38
Milan Kundera, *Le Livre du rire et de l'oubli* 39
Marguerite Yourcenar, « Le Dernier Amour du prince Genghi », *Nouvelles orientales* 43
Zoom sur : Freud et la mémoire 46
Joachim Du Bellay, « Heureux qui, comme Ulysse… », *Les Regrets* 47
Roger Caillois, *Le Fleuve Alphée* 48
Marc Augé, *Les Formes de l'oubli* 51

4. Le souvenir : entre temps passé et temps présent 52
Saint Augustin, *Confessions*, livre X 53
Patrick Modiano, *Dora Bruder* 56
Patrick Chamoiseau, *Une enfance créole I : Antan d'enfance* 58
Jean-Yves et Marc Tadié, *Le Sens de la mémoire* 61

II. SE SOUVENIR ET OUBLIER POUR SE CONSTRUIRE

1. L'importance du souvenir 66
Voltaire, « Aventure de la Mémoire », *Romans et contes* 67
Zoom sur : La mémoire chez les Anciens 68
Virgile, *Énéide* 70
Propos de Patrick Estrade recueillis par Valérie Colin-Simard, « À quoi servent nos souvenirs » 75
Boris Cyrulnik, *Un merveilleux malheur* 78
Georges Perec, *W ou le Souvenir d'enfance* 80

2. Un nécessaire oubli 82
Jorge Luis Borges, « Funes ou la mémoire », *Fictions* 83
Charles Baudelaire, *Les Fleurs du mal* 85
Friedrich Nietzsche, *La Généalogie de la morale*, 2e dissertation 87
Zoom sur : Les maladies liées à la mémoire 88
Jules Supervielle, *Oublieuse mémoire* 90
Simon-Daniel Kipman, *L'Oubli et ses vertus* 93

3. Nouveaux enjeux de la mémoire à l'heure du numérique 94
Rémi Sussan, « Et demain ? Vers une mémoire augmentée ? » 96
Philip K. Dick, *Souvenirs à vendre* 99
Jean-François Fogel et Bruno Patino, *La Condition numérique* 102

Jean-Philippe Blondel, *Blog* 104
Martin Untersinger, « Internet : du devoir de mémoire au “droit à l'oubli” » 107

III. LA SOCIÉTÉ FACE À SON HISTOIRE

1. Du devoir au culte de la mémoire 112
Zoom sur : Déclinaisons latines de la mémoire 113
Pierre Nora, « Entre mémoire et histoire, la problématique des lieux », *Les Lieux de mémoire* 114
Thierry Jonquet, *La Vigie* 117
Le Corbusier, *La Charte d'Athènes* 120
François Hartog, « Le passé pour seul horizon ? » 123
Tzvetan Todorov, *Les Abus de la mémoire* 126

2. Une place à part pour la Shoah ? 129
Primo Levi, *Si c'est un homme* 130
Jorge Semprún, *L'Écriture ou la Vie* 133
Elie Wiesel, *La Nuit* 135
Jean-Marie Lustiger, « La Mémoire de la Shoah » 138
Yannick Haenel, *Jan Karski* 141

3. La mémoire peut-elle demeurer vive ? 144
Paul Ricœur, *La Mémoire, l'Histoire, l'Oubli* 145
George Orwell, *1984* 148
Jacques Le Goff, *Histoire et Mémoire* 151
Michel Onfray, *Antimanuel de philosophie* 154
Ray Bradbury, *Fahrenheit 451* 156
Sorj Chalandon, *Le Quatrième Mur* 159

Dossier 165

Autour du souvenir : travail lexical et activités thématiques 167
Le thème en chansons 168
Pourquoi écrire une autobiographie ? 175
Zoom sur : Le genre autobiographique 177
Sujets d'exposés 182
Vers la synthèse de documents : fiche méthode et entraînement 183
Vers l'écriture personnelle : fiche méthode et entraînement 186
Étude de l'image 188

PRÉSENTATION

« Dis, tu te souviens ?... Mais si, tu sais, ces verres à la cantine dans lesquels on lisait le numéro... Et on disait : “T'as quel âge dans ton verre ?” ? » À une époque qui semble être prise dans un flux accéléré du temps, où l'immédiateté est reine et dans laquelle le présent est sans cesse tourné vers des enjeux futurs, nous n'en continuons pas moins de nous pencher sur nos souvenirs et de nous plonger dans notre passé. Une photographie, un objet, une odeur, un bruit suffisent parfois à faire ressurgir « l'édifice immense du souvenir[1] ».

Souvenirs d'enfance, souvenirs des dernières vacances, souvenir d'un événement politique... Qu'il soit personnel ou collectif, proche ou lointain, précis ou lacunaire, comment fonctionne le souvenir ? Situé à la croisée du passé et du présent, de la reconstruction et de l'idéalisation, de quoi est-il fait ? Comment se forme-t-il et comment émerge-t-il ? Et en quoi, loin d'être statique, est-il une dynamique toujours en mouvement ?

Force active et nécessaire, la mémoire est étroitement liée à l'oubli ; je me souviens et, par ailleurs, j'oublie. En quoi ces deux versants de notre rapport au passé sont-ils essentiels à l'individu ? Et comment se construire sereinement dans un monde connecté où plus rien ne se perd ?

Je me souviens, tu te souviens, nous nous souvenons... C'est la société dans son entier qui semble gagnée par cette passion

1. Marcel Proust, *À la recherche du temps perdu* (1913-1927).

du souvenir : chansons-souvenirs, émissions-souvenirs, hommages, monuments, cérémonies commémoratives, journées du souvenir... Nous sommes entrés dans une ère mémorielle. À tel point qu'on s'interroge : peut-on devenir malade de sa mémoire ? Au « c'était mieux avant » des uns s'oppose la peur des autres de répéter leurs erreurs passées. Entre souvenir dévorant et oubli culpabilisant, existe-t-il une juste mémoire, qui permettrait à l'homme de progresser et respecterait donc le mouvement de la vie ?

I. Mécanique et dynamique du souvenir

L'expression « je me souviens » est porteuse de deux grandes idées : une mécanique et une dynamique du souvenir. La mécanique du souvenir correspond aux processus qui permettent de se souvenir, à la fois physiologiques (les premiers scientifiques à s'intéresser de près au fonctionnement cérébral du souvenir ont été les Grecs Hérophile, v. 330-250 av. J.-C., et Érasistrate, v. 310-250 av. J.-C.) et psychologiques. Elle fait apparaître une grande variété de mémoires, à long ou à court terme, volontaires ou involontaires...
La dynamique du souvenir s'intéresse, elle, à son évolution. En effet, un souvenir n'est jamais figé. Il dépend étroitement d'un individu et de son environnement. Dans l'ouvrage *Je me souviens encore mieux de Je me souviens* (Le Castor Astral, 1998), qu'il consacre au livre de Georges Perec *Je me souviens* (1978), Roland Brasseur explique à juste titre que les pages autobiographiques de ce dernier, dans la mesure où elles sont fondées sur des allusions culturelles aux années 1940-1950, sont illisibles pour les jeunes générations, et que celles-ci doivent les considérer comme une matrice mémorielle incitant chacun à se rappeler ses propres souvenirs.
Si les souvenirs ne peuvent être isolés de l'environnement de l'esprit dans lequel ils prennent forme, il est nécessaire de tenir compte de la collectivité au sein de laquelle ce dernier évolue : la mémoire dépasse alors largement le cadre individuel, pour s'étendre au cadre collectif de la société.

À la fois individuel et collectif, le souvenir ne se construit que grâce à une sélection d'informations. Il permet ainsi à l'individu de vivre son rapport au temps d'une manière personnelle, en le fondant sur des souvenirs modulables en fonction du temps présent. Le temps n'est pas le fossoyeur du passé ; bien au contraire, il permet de se réapproprier celui-ci pour mieux fonder son individualité et son rapport au monde.

1. Fonctionnement du souvenir

« Toutes nos idées sont d'abord
des sensations, et ensuite des souvenirs[1]. »

Le souvenir répond à une logique physique. Il correspond à un processus d'encodage de l'information, quelle qu'elle soit. La mémoire à court terme est destinée à s'effacer plus ou moins rapidement avec le temps, sous la pression de ce dernier et des nouvelles données à retenir.
La mémoire à long terme recouvre quant à elle plusieurs « sous-systèmes ». D'abord, la mémoire *procédurale*, ou *implicite*, qui concerne des savoir-faire originellement complexes, mais devenus automatiques avec l'habitude (nouer ses lacets ou faire du vélo, par exemple). Ensuite, la mémoire *déclarative*, ou *explicite*, qui est celle des savoirs aisément formulables – en son sein, on distingue la mémoire *sémantique*, qui englobe les connaissances générales sur le monde (« 1789, c'est la Révolution française »), et la mémoire *épisodique*, qui regroupe les souvenirs personnels que l'on peut évoquer sans peine, dans leur contexte (« J'ai passé mon bac en 2004, à Paris »). La mémoire épisodique recoupe elle-même la mémoire *prospective*, c'est-à-dire ce que nous projetons de faire (jouer au football cet après-midi, visiter la Grèce l'été prochain, par exemple).

1. Antoine de Rivarol (1753-1801), *Pensées inédites de Rivarol* (1836).

Zoom sur

Où se situe la mémoire ?

La mémoire fait l'objet de multiples représentations. Elle s'apparente parfois à un grenier dans lequel les impressions du passé sont stockées, parfois à des tablettes de cire à graver ; chez Platon (Ier siècle av. J.-C.), c'est un pigeonnier dans lequel les souvenirs, actifs, vivent comme des oiseaux ; chez Milan Kundera, dans son roman *L'Immortalité* (1990), elle prend l'aspect de photographies que l'on peut retrouver et perdre à loisir.

Les souvenirs, quant à eux, sont souvent associés à l'image du labyrinthe, reflet d'un accès jugé compliqué, voire sinueux.

Quelles que soient les représentations qui en sont données, il n'y a pas de *lieu* emblématique de la mémoire : nos souvenirs font jouer non seulement différents éléments de notre cerveau – comme l'hippocampe, qui enregistre les informations, et le cortex frontal, où s'exerce la mémoire de travail qui nous permet de retrouver nos souvenirs –, mais aussi notre corps – souvent ignorée et inconsciente, la mémoire corporelle est celle qui nous permet d'évoluer dans notre environnement. Enfin, la mémoire dite externe – carnet d'adresses, disque dur, agenda... – soutient le tout.

En fait, la mémoire n'est pas localisable car l'humain possède plusieurs sortes de mémoires dont le classement diffère selon l'approche adoptée.

Cette diversité fait entrevoir la complexité du phénomène, qui s'accroît encore si l'on considère que le souvenir peut aussi bien être volontaire qu'involontaire. En effet, quand on apprend un texte, par exemple, le souvenir est le fruit d'un effort et d'une volonté de retenir – différents processus mémoriels entrent alors en jeu, comme l'explique le philosophe Henri Bergson (ci-dessous). Mais il peut aussi être involontaire, rappelé à notre conscience par des sensations imprévues, selon des étapes décrites par Jean-François Marmion (p. 16). Nous avons tous expérimenté ce que Marcel Proust ressent en goûtant une madeleine imbibée de thé (p. 19). Et la vertigineuse architecture de la mémoire se laisse alors deviner. Le passé peut ainsi interférer avec le temps présent et même avec le temps futur. Le souvenir est dès lors indispensable dans la construction d'une identité, fût-ce dans les moments les plus anodins du quotidien, comme le souligne J.-M.G. Le Clézio (p. 22).

■ Henri Bergson, *Matière et Mémoire* (1896)

Henri Bergson (1859-1941) est un philosophe et écrivain français récompensé par le prix Nobel de littérature en 1927. Il est également professeur. En analysant le processus d'apprentissage d'une leçon, il met en évidence deux types de mémoire. D'une part, celle qui consiste à se rappeler la leçon en tant que telle, résultat d'une série de lectures : c'est la *mémoire-habitude*. D'autre part, celle qui permet de se souvenir de chaque lecture comme de moments datés, aussi ponctuels que des événements de la vie. Elle est personnelle et se concentre sur un passé représenté : c'est la *mémoire-souvenir*.

[Deux types de mémoire]

I. *Les deux formes de la mémoire.* – J'étudie une leçon, et pour l'apprendre par cœur je la lis d'abord en scandant chaque vers ; je la répète ensuite un certain nombre de fois. À chaque lecture nouvelle un progrès s'accomplit ; les mots se lient de mieux en mieux ; ils finissent par s'organiser ensemble. À ce moment précis je sais ma leçon par cœur ; on dit qu'elle est devenue souvenir, qu'elle s'est imprimée dans ma mémoire.

Je cherche maintenant comment la leçon a été apprise, et je me représente les phases par lesquelles j'ai passé tour à tour. Chacune des lectures successives me revient alors à l'esprit avec son individualité propre ; je la revois avec les circonstances qui l'accompagnaient et qui l'encadrent encore ; elle se distingue de celles qui précèdent et de celles qui suivent par la place même qu'elle a occupée dans le temps ; bref, chacune de ces lectures repasse devant moi comme un événement déterminé de mon histoire. On dira encore que ces images sont des souvenirs, qu'elles se sont imprimées dans ma mémoire. On emploie les mêmes mots dans les deux cas. S'agit-il bien de la même chose ?

Le souvenir de la leçon, en tant qu'apprise par cœur, a *tous* les caractères d'une habitude. Comme l'habitude, il s'acquiert par la répétition d'un même effort. Comme l'habitude, il a exigé la décomposition d'abord, puis la recomposition de l'action totale. Comme tout exercice habituel du corps, enfin, il s'est emmagasiné dans un mécanisme qu'ébranle tout entier une impulsion initiale, dans un système clos de mouvements automatiques, qui se succèdent dans le même ordre et occupent le même temps.

Au contraire, le souvenir de telle lecture particulière, la seconde ou la troisième par exemple, n'a *aucun* des caractères de l'habitude. L'image s'en est nécessairement imprimée du premier coup dans la mémoire, puisque les autres lectures constituent, par définition même, des souvenirs différents. C'est comme un événement de ma vie ; il a pour essence de porter une date, et de ne pouvoir par conséquent se répéter. Tout ce que les lectures ultérieures y ajouteraient ne ferait qu'en altérer la nature originelle ; et si mon effort pour évoquer cette image devient de plus en plus facile à mesure que je le répète plus souvent, l'image même, envisagée en soi, était nécessairement d'abord ce qu'elle sera toujours.

Henri Bergson, *Matière et Mémoire*, GF-Flammarion, 2012, p. 121-122.

Compréhension et analyse

1. Quels sont les deux types de mémoire distingués par Bergson ? Expliquez où réside la différence entre eux.
2. D'après Bergson, quel rapport y a-t-il entre l'apprentissage par cœur d'une leçon et une habitude ?

■ Jean-François Marmion, « Mémoire : n'oublie pas d'oublier » (2008)

Jean-François Marmion (rédacteur en chef du *Cercle Psy*, revue de vulgarisation psychologique) est journaliste scientifique et écrivain. Par l'analyse du souvenir, il met en évidence les différentes étapes qui permettent à chaque individu de rappeler à son esprit des informations encodées : remémoration, métamémoire, simplification du souvenir, oubli du superflu...

[Ô mémoire, comment fonctionnes-tu ?]

Pour constituer un souvenir personnel dans des conditions normales, une information nouvelle doit d'abord, par définition, être enregistrée (ou « encodée »). L'enregistrement n'encode pas seulement un événement ou un détail, mais la perception de la situation dans son ensemble : le contexte spatial (où ?), temporel (quand ?), cognitif (qu'avons-nous pensé à ce moment ?), comportemental (qu'avons-nous fait ou dit, et avec qui ?) et émotionnel (qu'avons-nous éprouvé physiquement ?). Les souvenirs chargés d'émotion sont les plus durablement enregistrés.

La remémoration n'est pas toujours volontaire : par exemple, l'émotion peut raviver automatiquement celle éprouvée lors d'une situation analogue, et ramener à sa suite d'autres détails du contexte d'enregistrement. Marcel Proust, dans *À la recherche du temps perdu*, décrit la précision, la puissance émotionnelle, l'incarnation des souvenirs ressuscités par surprise, à la faveur d'indices inattendus comme le fameux goût d'une madeleine trempée dans une tasse de thé [1].

Se souvenir volontairement consiste à faire concorder un indice avec une fraction accessible de l'événement ancien, et reconstruire approximativement le reste (par exemple, pour nous remémorer une conversation, nous pouvons d'abord visualiser l'endroit où elle s'est tenue). La plupart des procédés mnémotechniques [2] destinés à faciliter l'encodage sont basés sur la technique des associations, qui consiste à adjoindre à une information labile [3] un élément plus facile à retenir, et qui pourra servir d'indice pertinent. La méthode la plus célèbre, celle des « lieux », exploite ce procédé depuis l'Antiquité, comme chez saint Augustin [4] : dans ce cas, chaque phrase d'un texte à mémoriser se trouve associée à la pièce d'une maison familière, qu'il suffira de parcourir en imagination pour y glaner, dans l'ordre, les différents éléments. Mais si le souvenir à rappeler n'a pas été enregistré, le meilleur indiçage ne servira évidemment à rien. L'impossibilité récurrente de récupérer un souvenir malgré la présence d'un indice en principe efficace est d'ailleurs l'un des signes cliniques pouvant annoncer une pathologie, comme la

1. Voir *infra*, p. 19.
2. ***Mnémotechniques*** : qui aident la mémoire à mieux retenir et à mieux mobiliser certains souvenirs.
3. ***Labile*** : instable, changeante.
4. ***Saint Augustin*** : voir p. 53.

maladie d'Alzheimer, où justement les nouvelles informations ne sont pas encodées.

La remémoration, volontaire ou non, ne s'arrête pas tout à fait là. Encore faut-il émettre un jugement de probabilité pour vérifier qu'il s'agit bien du souvenir recherché, et non d'un faux jumeau, d'un rêve, ou d'un produit de l'imagination. C'est ici qu'entre en jeu la métamémoire, une fonction de contrôle nous servant, par ailleurs, d'indicateur de performance : c'est à elle que nous faisons appel quand nous nous estimons capables de retenir un numéro sans le noter. Elle est défaillante dans certaines amnésies, comme le syndrome de Korsakoff, frappant parfois les grands alcooliques. Les troubles mnésiques antérogrades [1] s'accompagnent alors de fausses reconnaissances (le malade confond les gens et les événements) et de confabulations (le malade invente des souvenirs parfois extravagants, sans pouvoir saisir qu'il ne les a pas vécus).

Lors de son stockage en mémoire à long terme, entre l'encodage et la remémoration, l'événement est à la fois unifié (toutes ses facettes doivent être liées, pour constituer un objet unique ou une connaissance cohérente : par exemple, la lecture de cet article) et regroupé dans une catégorie supérieure (comme les lectures récentes, ou les connaissances sur la mémoire). Les différentes mémoires sont perméables. Ainsi, la sémantisation [2] des souvenirs épisodiques est un phénomène fréquent : nous oublions alors le contexte précis d'un événement, soit parce que ses détails se sont effilochés avec le temps, soit parce que nous le regroupons dans une catégorie plus large. Nous perdons de l'information sur le souvenir, mais notre vision du monde gagne en cohérence, en simplicité et en stabilité.

---

1. ***Troubles mnésiques antérogrades*** : troubles de la mémoire qui se caractérisent par un oubli des événements dès qu'ils se sont produits.

2. ***Sémantisation*** : action d'interpréter, de donner un sens. Comme notre mémoire s'altère au fil du temps, nous avons tendance à généraliser le souvenir de certains événements passés, c'est-à-dire à leur donner du sens plutôt qu'à en restituer des détails précis.

Selon le psychologue britannique Martin Conway, qui s'appuie sur des résultats expérimentaux, l'oubli du superflu permet de sélectionner les éléments que nous jugeons les plus importants pour nous définir, raconter notre histoire, préserver et réaménager notre identité, justifier le sens que nous donnons actuellement à notre existence : nous « brodons », nous occultons, nous enjolivons, noircissons, relativisons… Le cas échéant, nous expliquons un pan entier de notre vie par un seul événement auquel nous conférons une symbolique particulière. Le souvenir n'est pas un objet inerte, immuable, toujours rangé dans la même petite case. Chaque évocation le modifie. Notre mémoire ressemble donc moins à un album à feuilleter qu'à une autobiographie sans cesse récrite à notre insu.

Jean-François Marmion, « Mémoire : n'oublie pas d'oublier »,

Compréhension et analyse

1. Décomposez sous forme de schéma la succession des étapes, décrites par le texte, permettant de se rappeler une information.
2. En quoi peut-on dire qu'un souvenir est toujours vivant ?

■ Marcel Proust, *Du côté de chez Swann* (1913)

Marcel Proust (1871-1922) est l'auteur d'une vaste fresque romanesque convoquant les souvenirs de son narrateur, *À la recherche du temps perdu* (publiée entre 1913 et 1926), dont *Du côté de chez Swann* constitue le premier volume. À l'occasion d'un goûter en apparence innocent, le narrateur découvre le profond trouble qui peut naître d'une sensation faisant ressurgir un événement du passé dont le souvenir échappe. C'est par la réminiscence [1] involontaire, liée au goût, qu'il retrouve des images mais aussi des sensations et des sentiments qu'il croyait avoir à jamais oubliés. « L'édifice immense du souvenir » est révélé dans ses arcanes [2] les plus vertigineux.

[La plus célèbre des madeleines]

Il y avait déjà bien des années que, de Combray [3], tout ce qui n'était pas le théâtre et le drame de mon coucher, n'existait plus pour moi, quand un jour d'hiver, comme je rentrais à la maison, ma mère, voyant que j'avais froid, me proposa de me faire prendre, contre mon habitude, un peu de thé. Je refusai d'abord et, je ne sais pourquoi, me ravisai. Elle envoya chercher un de ces gâteaux courts et dodus appelés Petites Madeleines qui semblent avoir été moulés dans la valve rainurée d'une coquille de Saint-Jacques. Et bientôt, machinalement, accablé par la morne journée et la perspective d'un triste lendemain, je portai à mes lèvres une cuillerée du thé où j'avais laissé s'amollir un morceau de madeleine. Mais à l'instant même où la gorgée mêlée des miettes du gâteau toucha mon palais, je tressaillis, attentif à ce qui se passait d'extraordinaire en moi. Un plaisir délicieux m'avait envahi, isolé, sans la notion de sa cause. Il m'avait aussitôt rendu les vicissitudes [4] de la vie indifférentes, ses désastres inoffensifs, sa brièveté illusoire, de la même façon qu'opère l'amour, en me remplissant d'une essence précieuse : ou plutôt cette essence n'était pas en moi, elle était moi. J'avais cessé de me sentir médiocre, contingent, mortel. D'où avait pu

1. ***Réminiscence*** : souvenir vague ou incomplet.
2. ***Arcanes*** : secrets.
3. ***Combray*** : village imaginé par Proust, qui donne son titre à la première partie de *Du côté de chez Swann.*
4. ***Vicissitudes*** : épreuves.

me venir cette puissante joie ? Je sentais qu'elle était liée au goût du thé et du gâteau, mais qu'elle le dépassait infiniment, ne devait pas être de même nature. D'où venait-elle ? Que signifiait-elle ? Où l'appréhender ? Je bois une seconde gorgée où je ne trouve rien de plus que dans la première, une troisième qui m'apporte un peu moins que la seconde. Il est temps que je m'arrête, la vertu du breuvage semble diminuer. Il est clair que la vérité que je cherche n'est pas en lui, mais en moi. Il l'y a éveillée, mais ne la connaît pas, et ne peut que répéter indéfiniment, avec de moins en moins de force, ce même témoignage que je ne sais pas interpréter et que je veux au moins pouvoir lui redemander et retrouver intact, à ma disposition, tout à l'heure, pour un éclaircissement décisif. Je pose la tasse et me tourne vers mon esprit. C'est à lui de trouver la vérité. […]

Arrivera-t-il jusqu'à la surface de ma claire conscience, ce souvenir, l'instant ancien que l'attraction d'un instant identique est venue de si loin solliciter, émouvoir, soulever tout au fond de moi ? Je ne sais. Maintenant je ne sens plus rien, il est arrêté, redescendu peut-être ; qui sait s'il remontera jamais de sa nuit ? Dix fois il me faut recommencer, me pencher vers lui. Et chaque fois la lâcheté qui nous détourne de toute tâche difficile, de toute œuvre importante, m'a conseillé de laisser cela, de boire mon thé en pensant simplement à mes ennuis d'aujourd'hui, à mes désirs de demain qui se laissent remâcher sans peine.

Et tout d'un coup le souvenir m'est apparu. Ce goût c'était celui du petit morceau de madeleine que le dimanche matin à Combray (parce que ce jour-là je ne sortais pas avant l'heure de la messe), quand j'allais lui dire bonjour dans sa chambre, ma tante Léonie m'offrait après l'avoir trempé dans son infusion de thé ou de tilleul. La vue de la petite madeleine ne m'avait rien rappelé avant que je n'y eusse goûté ; peut-être parce que, en ayant souvent aperçu depuis, sans en manger, sur les tablettes des pâtissiers, leur image avait quitté ces jours de Combray pour se lier à d'autres plus récents ; peut-être parce que de ces souvenirs abandonnés si longtemps hors de la mémoire, rien ne survivait, tout s'était désagrégé ; les formes – et celle aussi du petit coquillage de pâtisserie, si grassement sensuel, sous son plissage sévère et dévot [1] – s'étaient abolies, ou, ensommeillées, avaient perdu la force d'expansion qui leur eût permis de rejoindre la conscience. Mais, quand d'un passé ancien rien ne subsiste, après la mort des êtres, après la destruction des choses, seules, plus frêles mais plus vivaces, plus immatérielles, plus persistantes, plus fidèles, l'odeur et la saveur restent encore longtemps, comme des âmes, à se rappeler, à attendre, à espérer, sur la ruine de tout le reste, à porter sans fléchir, sur leur gouttelette presque impalpable, l'édifice immense du souvenir.

Marcel Proust, *Du côté de chez Swann*, GF-Flammarion, 1987, p. 144-147.

Compréhension et analyse

1. La réminiscence involontaire ne dépend-elle que de la perception ?
2. Pourquoi est-ce la première gorgée qui surprend le plus le narrateur ? Justifiez votre réponse.

■ Jean-Marie Gustave Le Clézio, *L'Africain* (2004)

Écrivain français né en 1940, récompensé par le prix Nobel de littérature en 2008, J.-M.G. Le Clézio mêle souvent dans son œuvre rêve et souvenirs autobiographiques. Dans *L'Africain*, il revient sur un passé figé dans le temps, révolu et pourtant déterminant pour le présent. Ce passé surgit grâce à des sensations (odorat, ouïe, vue) et se trouve revivifié, brouillant ainsi les frontières temporelles.

1. *Dévot* : pieux.

[Un passé bien présent]

C'est à l'Afrique que je veux revenir sans cesse, à ma mémoire d'enfant. À la source de mes sentiments et de mes déterminations. Le monde change, c'est vrai, et celui qui est debout là-bas au milieu de la plaine d'herbes hautes, dans le souffle chaud qui apporte les odeurs de la savane, le bruit aigu de la forêt, sentant sur ses lèvres l'humidité du ciel et des nuages, celui-là est si loin de moi qu'aucune histoire, aucun voyage ne me permettra de le rejoindre.

Pourtant, parfois, je marche dans les rues d'une ville, au hasard, et tout d'un coup, en passant devant une porte au bas d'un immeuble en construction, je respire l'odeur froide du ciment qui vient d'être coulé, et je suis dans la case de passage d'Abakaliki [1], j'entre dans le cube ombreux de ma chambre et je vois derrière la porte le grand lézard bleu que notre chatte a étranglé et qu'elle m'a apporté en signe de bienvenue. Ou bien, au moment où je m'y attends le moins, je suis envahi par le parfum de la terre mouillée de notre jardin à Ogoja, quand la mousson roule sur le toit de la maison et fait zébrer les ruisseaux couleur de sang sur la terre craquelée. J'entends même, par-dessus la vibration des autos embouteillées dans une avenue, la musique douce et froissante de la rivière Aiya.

J'entends les voix des enfants qui crient, ils m'appellent, ils sont devant la haie, à l'entrée du jardin, ils ont apporté leurs cailloux et leurs vertèbres de mouton, pour jouer, pour m'emmener à la chasse aux couleuvres. L'après-midi, après la leçon de calcul avec ma mère, je vais m'installer sur le ciment de la varangue [2], devant le four du ciel blanc pour faire des dieux d'argile et les cuire au soleil. Je me souviens de chacun d'eux,

---

1. ***Abakaliki*** et, plus loin, ***Ogoja*** : villes du sud-est du Nigeria. C'est aussi dans cette région que coule la rivière ***Aiya***.

2. ***Varangue*** : véranda qui orne la façade des cases africaines.

de leurs noms, de leurs bras levés, de leurs masques. Alasi, le dieu du tonnerre, Ngu, Eke-Ifite la déesse mère, Agwu le malicieux. Mais ils sont plus nombreux encore, chaque jour j'invente un nom nouveau, ils sont mes *chis*, mes esprits qui me protègent et vont intercéder pour moi auprès de Dieu.

Je vais regarder la fièvre monter dans le ciel du crépuscule, les éclairs courir en silence entre les écailles grises des nuages auréolés de feu. Quand la nuit sera noire, j'écouterai les pas du tonnerre, de proche en proche, l'onde qui fait vaciller mon hamac et souffle sur la flamme de ma lampe. J'écouterai la voix de ma mère qui compte les secondes qui nous séparent de l'impact de la foudre et qui calcule la distance à raison de trois cent trente-trois mètres par seconde. Enfin le vent de la pluie, très froid, qui avance dans toute sa puissance sur la cime des arbres, j'entends chaque branche gémir et craquer, l'air de la chambre se remplit de la poussière que soulève l'eau en frappant la terre.

Tout cela est si loin, si proche. Une simple paroi fine comme un miroir sépare le monde d'aujourd'hui et le monde d'hier. Je ne parle pas de nostalgie. Cette peine dérélictueuse [1] ne m'a jamais causé aucun plaisir. Je parle de substance, de sensations, de la part la plus logique de ma vie.

Jean-Marie Gustave Le Clézio, *L'Africain*,

Compréhension et analyse

1. En quoi le temps passé est-il omniprésent dans la vie du narrateur ? Est-ce de la nostalgie ?
2. Observez les temps verbaux du texte. Qu'en concluez-vous sur la manière dont le narrateur traite le temps passé ?

---

1. ***Dérélictueuse*** : liée à un sentiment d'abandon, d'isolement.

2. Le souvenir : à la croisée du personnel et du collectif

« Le souvenir est une forme de rencontre [1]. »

Qu'ils soient rappelés par des odeurs, des couleurs, des sons ou des images, les souvenirs apparaissent chaque fois comme attachés à des émotions, positives ou négatives... Scientifiquement, on explique ce phénomène par l'action dans notre cerveau de l'amygdale – associant contexte et émotion – sur l'hippocampe situé près d'elle – enregistrant les choses nouvelles. L'émotion agit comme un projecteur éclairant une scène dans le cerveau et accélère le processus d'encodage de l'information. Ce phénomène explique que le souvenir apparaisse d'abord comme personnel et affectif. C'est ce qu'illustre le texte d'Albert Cohen (p. 26), énumérant des souvenirs liés à l'enfance, âge des apprentissages et des découvertes. Les liens entre émotions et souvenirs permettent en outre de comprendre que, parmi ces derniers, certains soient plus vivaces que d'autres, liés au contexte qui leur a donné vie, comme le suggère Olivier Luminet (p. 28). Dès lors, nos souvenirs – même les plus intimes – excèdent largement la dimension personnelle : ils peuvent être partagés par des groupes – famille, camarades d'écoles ou plus largement humains. Bien plus, ils peuvent être récrits et entourés de légende, comme l'explique Alain Rémond (p. 32). Dans la lignée de Maurice Halbwachs (p. 35), on peut donc concevoir la mémoire individuelle comme un lieu de confluence de mémoires collectives, un réceptacle de souvenirs venant de la collectivité et suscités par elle.

1. Khalil Gibran, *Le Sable et l'Écume*, 1926.

■ Albert Cohen, *Le Livre de ma mère* (1954)

Dans son récit autobiographique *Le Livre de ma mère*, le diplomate et écrivain Albert Cohen (1895-1981) rend hommage à celle qui lui a donné la vie. Adoptant une tonalité lyrique, le narrateur égrène dans ce passage un ensemble de moments heureux de sa petite enfance, à jamais disparus, et célèbre la mémoire de la mère qu'il ne reverra jamais plus. Renoncer au passé et laisser les souvenirs s'envoler signifie, à plus d'un titre, accepter la mort.

[Ô mon passé, ma petite enfance]

Ô mon passé, ma petite enfance, ô chambrette, coussins brodés de petits chats rassurants, vertueuses chromos [1], conforts [2] et confitures, tisanes, pâtes pectorales [3], arnica [4], papillon du gaz [5] dans la cuisine, sirop d'orgeat [6], antiques dentelles, odeurs, naphtalines [7], veilleuses de porcelaine, petits baisers du soir, baisers de Maman qui me disait, après avoir bordé mon lit, que maintenant j'allais faire mon petit voyage dans la lune avec mon ami un écureuil. Ô mon enfance, gelées de coings, bougies roses, journaux illustrés du jeudi, ours en peluche, convalescences chéries, anniversaires, lettres du Nouvel An sur du papier à dentelures, dindes de Noël, fables de La Fontaine idiotement récitées debout sur la table, bonbons à

1. ***Chromos*** : abréviation de « chromolithographie », terme désignant une image de plus ou moins mauvais goût, aux couleurs criardes.
2. ***Conforts*** : tout ce qui apporte de l'assistance et du réconfort au narrateur.
3. ***Pâtes pectorales*** : baumes destinés à soigner les affections des voies respiratoires, dont la toux.
4. ***Arnica*** : plante médicinale, employée principalement pour soigner les coups et traumatismes.
5. ***Papillon à gaz*** : robinet pour arrêter le gaz.
6. ***Sirop d'orgeat*** : boisson sirupeuse, faite autrefois à partir d'une décoction d'orge et d'amandes.
7. ***Naphtalines*** : produits utilisés sur le linge pour le protéger des mites.

fleurettes, attentes des vacances, cerceaux, diabolos, petites mains sales, genoux écorchés et j'arrachais la croûte toujours trop tôt, balançoires des foires, cirque Alexandre où elle me menait une fois par an et auquel je pensais des mois à l'avance, cahiers neufs de la rentrée, sac d'école en faux léopard, plumiers japonais, plumiers à plusieurs étages, plumes sergent-major, plumes baïonnette de Blanzy Poure [1], goûters de pain et de chocolat, noyaux d'abricots thésaurisés [2], boîte à herboriser, billes d'agate [3], chansons de Maman, leçons qu'elle me faisait repasser le matin, heures passées à la regarder cuisiner avec importance, enfance, petites paix, petits bonheurs, gâteaux de Maman, sourires de Maman, ô tout ce que je n'aurai plus, ô charmes, ô sons morts du passé, fumées enfuies et dissoutes saisons. Les rives s'éloignent. Ma mort approche.

Albert Cohen, *Le Livre de ma mère*,
© Gallimard, coll. « Folio », 1997, p. 55-56.

Compréhension et analyse

1. Caractérisez, regroupez et classez les souvenirs du narrateur en fonction de leur nature et des sens convoqués. Qu'en déduisez-vous ?
2. Quel est le seul souvenir du narrateur attaché à un autre personnage ? Comment apparaît-il dans le texte ? Pourquoi ?
3. En quoi tous ces souvenirs marquent-ils une époque révolue et justifient-ils la dernière phrase ?

1. ***Plumes sergent-major, plumes baïonnette de Blanzy Poure*** : marques de plumes pour écrire.
2. ***Thésaurisés*** : amassés, accumulés comme les pièces d'un trésor.
3. ***Billes d'agate*** : billes en verre avec filaments multicolores à l'intérieur.

■ Olivier Luminet, « Souvenirs flashes : le rôle des émotions » (2000)

Dans son article, Olivier Luminet, maître de conférences et chargé de recherche au Fonds national belge de la recherche scientifique, tente de comprendre les déterminants sociaux et émotionnels de ce qu'on nomme les « souvenirs flashes ». L'expression désigne de façon imagée les souvenirs contextuels extrêmement précis et vivaces liés à l'annonce d'un événement. Leur force semble s'expliquer par un mécanisme individuel, lié aux affects, qui leur a donné forme, mais aussi par un phénomène collectif de ressassement.

[Souvenirs flashes, souvenirs forts]

R. Brown et J. Kulik [1] furent les premiers à examiner les facteurs qui prédisent l'émergence d'un souvenir flash. Selon eux, il faut que l'événement soit jugé comme important et comme lourd de conséquences pour la vie et le bien-être d'un individu. Ils ont ainsi montré que les assassinats de Martin Luther King ou de Malcolm X [2] n'ont suscité des souvenirs flashes que parmi les Noirs américains. La disparition de ces personnages n'influençait pas directement la vie des Blancs. Par conséquent, ils ont encodé ces souvenirs de manière plus floue et ils les ont conservés moins longtemps. Ces auteurs postulent également que seul un événement nouveau et inattendu provoque un encodage particulièrement précis du contexte.

Ces deux aspects d'un événement, son importance dans la vie d'une personne et sa nouveauté, dépendent de ce que les

1. ***Roger Brown et James Kulik*** : psychologues américains ayant étudié et théorisé ce phénomène de « flashbulb memory ».
2. ***Martin Luther King*** (1929-1968) et ***Malcolm X*** (1925-1965) ont chacun œuvré pour défendre les droits civiques des populations afro-américaines aux États-Unis et furent assassinés par des opposants.

psychologues ont appelé l'évaluation cognitive [1] de l'événement. Ce mécanisme mental est essentiel dans les réactions émotionnelles. Il est très rapide et va produire en quelques instants une réponse émotionnelle spécifique. Si l'événement est considéré comme nouveau, la personne ressentira une émotion de surprise. S'il est perçu comme important et ayant des conséquences, comme lors de la disparition d'un personnage célèbre et apprécié, la tristesse prendra le dessus. L'évaluation cognitive et le ressenti émotionnel sont donc intimement liés.

Plus récemment, le psychologue anglais Martin Conway a montré que les attitudes et les connaissances relatives à un personnage médiatique influencent également les réponses affectives des personnes. Si vous avez de l'estime pour François Mitterrand [2] et qu'en outre vous êtes féru [3] de politique, vos souvenirs du contexte lié à l'annonce de sa mort ont toutes les chances d'être encore particulièrement vivaces. Si une seule de ces deux conditions est remplie, vous devriez vous souvenir de certains éléments contextuels, mais de manière moins vivace que dans le premier cas. Enfin, si aucune des deux caractéristiques n'est présente, il est probable que cet événement ne soit plus qu'un lointain souvenir perdu dans le brouillard. […]

Les souvenirs que chacun d'entre nous associe à la disparition d'un personnage célèbre sont individuels et uniques, liés à nos intérêts, à nos connaissances, à nos affects. Mais ils se distinguent des souvenirs personnels par le caractère collectivement partagé de l'événement. À l'intérieur de frontières politiques ou culturelles, l'événement a une signification socialement partagée. Pendant une certaine période, il constituera un domaine de préoccupation et d'intérêt pour cette

1. ***Cognitive*** : se rapportant à la faculté de connaître.
2. ***François Mitterrand*** (1916-1996) : président de la République française sous la Ve République, de 1981 à 1995.
3. ***Féru*** : passionné.

collectivité. De nombreuses conversations et de nombreux actes tourneront autour de l'événement. [...]

Pour plusieurs auteurs, l'aspect collectif d'événements comme la mort de la princesse Diana[1] ou de François Mitterrand est l'occasion d'examiner un processus essentiel qui prolonge une émotion : le ressassement de l'épisode. Par ressassement, on entend trois aspects. Il s'agit tout d'abord de l'ensemble des communications verbales initiées suite à un événement émotionnel. Ensuite, les individus développent des pensées en rapport avec l'événement. Enfin, dans le cas d'événements médiatiques, le ressassement opère également par l'intermédiaire d'une recherche active de l'information : les journaux, les émissions de radio et de télévision diffusent de manière abondante des informations relatives à la disparition d'un personnage marquant.

Ces trois processus de ressassement vont favoriser le maintien du souvenir flash, voire permettre son renforcement par deux biais différents. Tout d'abord, la trace déjà créée par les variables comme la nouveauté, l'importance, les réponses émotionnelles de surprise ou de tristesse va être consolidée par la répétition de l'événement sous des formes variées. Ensuite, le ressassement contribuera à construire un souvenir collectif de l'événement. Ainsi, les médias vont offrir une image du personnage disparu qui sera progressivement intégrée par la population d'un pays ou d'une culture donnée. Les conversations qui se développent à l'intérieur d'un groupe social donné permettent également de rendre plus homogènes ces souvenirs en éliminant certaines incohérences et en ne gardant que les éléments qui font l'objet d'un consensus social. Même si chacun conserve un

1. ***Princesse Diana*** (1961-1997) : première épouse du prince de Galles, Charles. Très impliquée dans les œuvres de charité, appréciée des Britanniques et ayant une image très positive dans le monde entier, elle trouva la mort dans un accident de voiture à Paris, en 1997.

■ Étal d'une boutique de souvenirs à Rome.
La profusion de souvenirs dans les villes touristiques est frappante. Elle répond à un besoin des voyageurs de rapporter un objet matériel qui puisse leur rappeler leurs vacances. Presque tous les objets finissent par se prêter à ce jeu de réminiscences et de commerce effréné. Reproduits en série et acquis pour la référence intime qu'ils permettent d'incarner, ils illustrent la dimension à la fois personnelle et collective du souvenir.

souvenir personnel du président Mitterrand ou de la princesse Diana, une histoire commune s'est également tissée suite aux trois processus de ressassement.

Olivier Luminet, « Souvenirs flashes : le rôle des émotions », © *Sciences humaines*, n° 107, juillet 2000.

Compréhension et analyse

1. Comment l'auteur explique-t-il la force du « souvenir flash » au niveau individuel ?
2. En quoi la collectivité joue-t-elle néanmoins un rôle dans la vivacité de ce souvenir ?

■ Alain Rémond, *Chaque jour est un adieu* (2000)

Premier volet d'une trilogie autobiographique (également composée d'*Un jeune homme est passé* et de *Comme une chanson dans la nuit*), *Chaque jour est un adieu* a rencontré un vif succès à sa parution en 2000. Dans son roman, le journaliste, chroniqueur et écrivain Alain Rémond narre son enfance et invite à se détacher du passé porteur de nostalgie et de moments idéalisés. Dans cet extrait, il raconte comment se créent des souvenir partagés, une mémoire commune et une « légende familiale » – ici, celle du Débarquement. L'épisode vécu, relaté, raconté, récrit, devient une véritable fiction, source de rêves et d'imaginaire, déterminante pour toute une génération.

[Légende familiale]

Je me suis fait raconter, par mes frères et sœurs. Ils m'ont dit des bribes, des lambeaux d'histoires.

Mais ce qu'ils avaient vraiment envie de raconter, c'était autre chose. La guerre. La véritable histoire de la famille à

Mortain[1], c'est la guerre. Ces quelques semaines, entre juin et août 1944, où tout a basculé. Et qui ont effacé, dans la mémoire familiale, des années de vie commune dans la petite bicoque. Le débarquement. L'arrivée des premiers parachutistes américains, surgissant de la forêt. La terrible contre-attaque allemande, les SS[2] de la division Das Reich remontant d'Oradour[3], repoussant les Américains. La bataille de Mortain, prise par les uns, reprise par les autres, se terminant dans les ruines, au corps à corps. Cette scène, surtout : la famille est dehors, dans le jardin, en train de manger. Des bombardiers surgissent dans le ciel, tout le monde regarde, nez en l'air. Soudain des bombes, tout autour, commencent à exploser, mes parents et mes frères et sœurs se précipitent vers la tranchée, derrière la maison. À ce moment précis, une bombe tombe dans le jardin, explose, ma mère est touchée de trois éclats. Mon père va chercher du secours à la ferme voisine, distante d'à peine deux cents mètres. Il est obligé de ramper, car aux bombardements ont succédé les tirs de mitrailleuse, la maison étant juste entre les lignes allemandes et américaines. Il met presque une heure à faire ces deux cents mètres, avant de frapper à la porte des voisins, qui, eux, sont persuadés que toute la famille est morte. Pendant ce temps, dans la précipitation, ma sœur Agnès, âgée de quelques mois, a été oubliée dans son landau, sous un arbre. Un éclat de bombe brise net une branche, juste au-dessus du landau, mais Agnès n'a rien. Miracle, dira la légende familiale. Quelques jours plus tard, les Américains frappent à la porte. Pour en finir, disent-ils,

---

1. ***Mortain*** : commune de la Manche, en Normandie, où réside la famille du narrateur.

2. ***SS*** : sigle renvoyant à la *Schutzstaffel*, une des principales organisations du régime nazi. Par extension, il désigne les soldats de l'armée SS (la *Waffen-SS*), en charge de mettre en œuvre la répression, sous les directives d'Adolf Hitler.

3. ***Oradour-sur-Glane*** : commune du sud-ouest de la France où l'armée allemande, le 10 juin 1944, quelques jours après le débarquement des Alliés en Normandie, rassembla la population sur la place du village avant de massacrer hommes, femmes et enfants.

ils vont tout raser, pierre par pierre. Ils invitent la famille à partir, le plus vite possible, le plus loin possible. Et mes parents s'en vont, sur-le-champ, avec leurs six enfants, à pied, sur les routes de Normandie, poussant le landau, pour tenter de rejoindre la Bretagne. Mortain, c'est l'enfer. Mais sur la route, partout, c'est la guerre. À la moindre alerte, il faut se cacher dans les talus, attendre, le cœur battant. La blessure de ma mère s'infecte, elle est soignée par un médecin américain. Enfin, ils arrivent en Bretagne, à Combourg, dans la ferme de ma tante. C'est l'été, le mois de juillet. À la ferme, c'est le jour de la moisson. C'est la fête. La guerre est à des années-lumière. Mes parents, mes frères et sœurs, n'arrivent pas à raconter d'où ils viennent, ce qu'ils fuient, à quoi ils ont échappé. [...]

Telle est l'histoire de Mortain, dans la légende familiale. Quelques semaines de cauchemar, un vrai miracle d'y avoir survécu. Mais, après coup, au fil des années, des récits successifs, quel fabuleux western ! Nous, les plus jeunes, on ne se lassait pas de se faire raconter l'épopée, on était jaloux de ne pas l'avoir vécue. C'est devenu, entre nous, une véritable obsession, comme si tout venait de là, ce qui nous unissait, nous, la famille. Quand, des années plus tard, on retournait à Mortain, c'était pour nous faire raconter, sur les lieux mêmes, dans la forêt, tous les détails de l'aventure, les combats, les obus, les soldats. Ma mère avait ramené des douilles d'obus et des balles de mitrailleuse qu'elle astiquait soigneusement, tous les jours, et qui trônaient sur le buffet. Toute mon enfance, toute mon adolescence, j'ai vu ces douilles d'obus et ces balles de mitrailleuse, artistiquement disposées sur le buffet, brillant de mille feux. On dévorait les livres, les brochures, les revues qui racontaient la bataille de Normandie, pour dénicher les quelques pages consacrées à la bataille de Mortain. Plus tard, ce sera la fascination pour les films de guerre : revivre en images, dans le tonnerre des obus, la saga familiale. Notre vie est là, dans ces quelques kilomètres carrés saccagés, déchiquetés, d'où nous sortons vivants. Héros d'une épopée qui a sa place dans les livres : la libération de la France ! Grands mots, grandes phrases, qui ronflent dans nos têtes d'enfants, habitent à jamais notre imaginaire. Quelle différence avec l'autre guerre, la grande, celle de 1914-1918 ! Toute mon enfance, j'ai vu des femmes en noir, grands-mères, grands-tantes. En deuil perpétuel de leurs maris tués dans les tranchées, ou morts des suites de la guerre, ces saletés de gaz qui les avaient empoisonnés. Une atmosphère pesante, sinistre, des photos dans des cadres, sur les buffets, le souvenir d'une catastrophe qui avait décimé les familles. Notre guerre à nous, celle des Américains contre les SS, c'était un formidable réservoir de récits, d'aventures. Mon frère aîné nous racontait comment il avait vu sortir de la forêt, près de la maison, les premiers Américains : c'était plus fort, plus palpitant que toutes les histoires qu'on lisait dans les illustrés. La guerre, c'était nous.

Alain Rémond, *Chaque jour est un adieu*,
© Seuil, 2000, p. 13-16.

Compréhension et analyse

1. Ce souvenir est-il vécu ? À quels indices comprend-on le travail d'idéalisation et de reconstruction du souvenir ?
2. Pourquoi peut-on dire que ce souvenir est collectif et qu'il alimente une légende ?

■ Maurice Halbwachs, *La Mémoire collective* (1950)

Maurice Halbwachs est un sociologue français né en 1877 et mort en déportation à Buchenwald le 16 mars 1945. Il est l'auteur des *Cadres sociaux de la mémoire* (1925), œuvre célèbre dans laquelle il théorise le concept de mémoire collective. *La Mémoire collective*, posthume, a paru en 1950. Dans ces essais, il développe l'idée que la mémoire individuelle n'existe pas en tant que telle car elle est systématiquement influencée par les cadres sociaux dans lesquels elle s'insère. Il y explique également que la mémoire collective renvoie à la mémoire du groupe, au-delà de la mémoire de ses individus. Dans l'extrait suivant, il souligne que nos souvenirs personnels se situent au croisement des mémoires des différents groupes sociaux qui nous ont construits et sont donc plus ou moins accessibles selon notre degré d'éloignement par rapport à ces mêmes groupes. La mémoire collective tire sa substance de la richesse et de la variation du souvenir individuel, qui est à la fois frontière et limite de ces interférences collectives.

[Mémoire personnelle ou collective ?]

Entre les souvenirs que nous évoquons à volonté et ceux sur lesquels il semble que nous n'ayons plus prise, on trouverait en réalité tous les degrés. Les conditions nécessaires pour que les uns et les autres reparaissent ne diffèrent que par le degré de complexité. Ceux-ci sont toujours à notre portée parce qu'ils se conservent dans des groupes où nous sommes libres de pénétrer quand nous le voulons, dans des pensées collectives avec lesquelles nous restons toujours en rapports étroits, si bien que tous leurs éléments, toutes les liaisons entre ces éléments et les passages les plus directs des uns aux autres nous sont familiers. Ceux-là nous sont moins et plus rarement accessibles, parce que les groupes qui nous les apporteraient sont plus éloignés, que nous ne sommes en contact avec eux que de façon intermittente. Il y a des groupes qui s'associent, ou qui se rencontrent souvent, si bien que nous pouvons passer de l'un à l'autre, être à la fois dans l'un et dans l'autre ; entre d'autres les rapports sont si réduits, si peu visibles, que nous n'avons ni l'occasion ni l'idée de suivre les routes effacées par lesquelles ils communiquent. Or, c'est sur de telles routes, sur de tels sentiers dérobés que nous retrouverions les souvenirs qui sont à nous, de même qu'un voyageur peut considérer comme n'étant qu'à lui une source, un groupe de rochers, un paysage qu'on n'atteint qu'à condition de sortir de la route, d'en rejoindre une autre par un chemin mal frayé et non fréquenté. Les amorces de ce chemin de traverse sont bien sur les deux routes, et on les connaît : mais il faut quelque attention, et peut-être quelque hasard pour qu'on les retrouve, et l'on peut parcourir un grand nombre de fois l'une et l'autre sans avoir l'idée de les chercher, surtout quand on ne peut pas compter, pour vous les signaler, sur les passants qui suivent telle de ces routes parce qu'ils ne se soucient pas d'aller où les conduirait l'autre. [...]

Au reste, si la mémoire collective tire sa force et sa durée de ce qu'elle a pour support un ensemble d'hommes, ce sont cependant des individus qui se souviennent, en tant que membres du groupe. De cette masse de souvenirs communs, et qui s'appuient l'un sur l'autre, ce ne sont pas les mêmes qui apparaîtront avec le plus d'intensité à chacun d'eux. Nous dirions volontiers que chaque mémoire individuelle est un point de vue sur la mémoire collective, que ce point de vue change suivant la place que j'y occupe, et que cette place elle-même change suivant les relations que j'entretiens avec d'autres milieux. Il n'est donc pas étonnant que, de l'instrument commun, tous ne tirent pas le même parti. Cependant lorsqu'on essaie d'expliquer cette diversité, on en revient toujours à une combinaison d'influences qui, toutes, sont de nature sociale. [...]

À chacune de ces influences, nous concevons que telle autre puisse s'opposer, nous croyons alors que notre acte est indépendant de toutes ces influences, puisqu'il n'est sous la dépendance exclusive d'aucune d'entre elles, et nous ne nous apercevons pas qu'il résulte en réalité de leur ensemble, et qu'il est toujours dominé par la loi de causalité. Ici, de même, comme le souvenir reparaît par l'effet de plusieurs séries de pensées collectives enchevêtrées, et que nous ne pouvons l'attribuer exclusivement à aucune d'entre elles, nous nous figurons qu'il en est indépendant, et nous opposons son unité à leur multiplicité. Autant supposer qu'un objet pesant, suspendu en l'air par une quantité de fils tenus et entrecroisés, reste suspendu dans le vide, où il se soutient par lui-même.

Maurice Halbwachs, *La Mémoire collective*,

Compréhension et analyse

1. Selon l'auteur, en quoi notre mémoire est-elle avant tout collective ?
2. Par quels arguments et quelles images Maurice Halbwachs explique-t-il que certains souvenirs nous semblent plus ou moins accessibles et plus ou moins personnels ?

3. Le souvenir : oubli, reconstruction et idéalisation

« La mémoire, c'est l'imagination à l'envers [1]. »

Pas de mémoire raisonnable sans oubli. Se souvenir suppose d'oublier certaines données. Pas toutes, évidemment, car il ne s'agit pas de devenir des lotophages amnésiques et inertes, à l'image des compagnons d'Ulysse qui, dans l'*Odyssée* d'Homère, ont mangé la fleur du lotos, dont la consommation pousse à l'oubli. Au chant IX de son œuvre, Homère oppose ainsi l'oubli du retour, incarné par les compagnons amnésiques d'Ulysse, à la nostalgie du héros, qui donne sa dynamique au récit.

1. Daniel Pennac, *La Fée Carabine*, 1987.

Si ce n'est une drogue semblable au lotos, c'est le temps et son irréductible travail qui nous conduisent à oublier. On a souvent tendance à tenir l'oubli pour une donnée négative corrélée à la destruction. Ainsi oubli et mort sont-ils fréquemment associés, rappelant la fragilité de tout souvenir, fût-il essentiel, comme dans la nouvelle orientale de Marguerite Yourcenar (p. 43). Pourtant, en observant les rapports qui se tissent entre oubli et mémoire, entre présent et passé, on constate à l'envi que l'oubli ne saurait se résumer à une absence de mémoire, à un vide incommensurable. Si, à l'image de ceux que relate Milan Kundera (ci-dessous), il arrive que les efforts faits pour se souvenir d'un visage ou d'un temps révolu restent sans résultat, l'oubli sert parfois de point de départ à la reconstruction du passé. La relecture d'un temps ancien peut alors prendre la forme d'une idéalisation de ce dernier, allant de pair avec la nostalgie, comme l'illustre Du Bellay (p. 47). Elle peut aussi correspondre à une recréation de toutes pièces, comme le montre Caillois (p. 48). Cette ambivalence de l'oubli, entre *damnatio memoriæ* et *tabula rasa* [1], est au cœur de notre esprit, quand on le cultive tel un jardin secret, arrachant certains souvenirs et en plantant d'autres, explique Marc Augé (p. 51).

■ Milan Kundera, *Le Livre du rire et de l'oubli* (1978)

Écrivain tchécoslovaque né en 1929, Milan Kundera est naturalisé français. Il a connu l'impitoyable régime socialiste imposé par l'URSS dans son pays d'origine. Dans *Le Livre du rire et de l'oubli*, constitué de sept récits, il consacre l'un d'eux à Tamina. Barmaid dans une ville de province française, Tamina sait écouter patiemment ses clients sans rien raconter de sa propre vie : elle a dû fuir avec son mari la Tchécoslovaquie après l'invasion du pays par l'Armée rouge en 1968. À la suite du décès de son époux, elle tente

1. ***Damnatio memoriæ*, *tabula rasa*** : voir encadré, p. 113.

désespérément de se rappeler leur vie commune avant l'exil, et de se souvenir des traits de son mari. Plus elle s'efforce de retrouver son image, plus elle a le sentiment de s'éloigner de lui.

[Le coffre-fort du passé]

J'imagine que le monde pousse autour de Tamina, de plus en plus haut, comme un mur circulaire, et qu'elle est un peu d'herbe tout en bas. Sur cette herbe il ne pousse qu'une seule rose, le souvenir de son mari.

Ou bien j'imagine que le présent de Tamina (il consiste à servir le café et à offrir son oreille) est un radeau qui dérive sur l'eau et elle est sur ce radeau et elle regarde en arrière, rien qu'en arrière.

Depuis quelque temps, elle était désespérée parce que le passé était de plus en plus pâle. Elle n'avait de son mari que la photographie de son passeport, toutes les autres photos étaient restées à Prague dans l'appartement confisqué. Elle regardait cette pauvre image froissée, écornée, où son mari était pris de face (comme un criminel photographié par l'Identité judiciaire) et n'était guère ressemblant. Chaque jour elle se livrait devant cette photographie à une sorte d'exercice spirituel : elle s'efforçait d'imaginer son mari de profil, puis de demi-profil, puis de trois quarts. Elle faisait revivre la ligne de son nez, de son menton, et elle constatait chaque jour avec effroi que le croquis imaginaire présentait de nouveaux points discutables où la mémoire qui dessinait avait des doutes.

Pendant ces exercices, elle s'efforçait d'évoquer la peau et sa couleur, et toutes les menues [1] altérations de l'épiderme, les verrues, les excroissances, les taches de rousseur, les petites veines. C'était difficile, presque impossible. Les couleurs dont se

1. ***Menues*** : petites.

© Les Gaulois/Eurostar

■ « À quand remonte votre dernière visite de Londres ? » La photographie est manifestement ancienne et la publicité pour l'Eurostar, jouant avec la paralysie qu'accompagne souvent la nostalgie, appelle à renouveler son séjour dans la capitale anglaise, pour que le souvenir ne soit pas un lointain passé sans connexion avec le présent.

servait sa mémoire étaient irréelles, et avec ces couleurs-là il n'y avait pas moyen d'imiter la peau humaine. Elle avait donc mis au point une technique particulière de remémoration. Quand elle était assise en face d'un homme, elle se servait de sa tête comme d'un matériau à sculpter : elle la regardait fixement et elle refaisait en pensée le modelé du visage, elle lui donnait une teinte plus sombre, y plaçait les taches de rousseur et les verrues, rapetissait les oreilles, colorait les yeux en bleu.

Mais tous ces efforts ne faisaient que démontrer que l'image de son mari se dérobait irrévocablement [1]. Au début de leur liaison, il lui avait demandé (il avait dix ans de plus qu'elle et s'était déjà fait une certaine idée du dénuement de la mémoire humaine) de tenir un journal et d'y noter pour tous les deux le déroulement de leur vie. Elle s'était rebellée, affirmant que c'était se moquer de leur amour. Elle l'aimait trop pour pouvoir admettre que ce qu'elle qualifiait d'inoubliable pût être oublié. Évidemment, elle avait fini par lui obéir, mais sans enthousiasme. Les carnets s'en ressentaient : bien des pages y étaient vides et les inscriptions étaient fragmentaires.

Milan Kundera, *Le Livre du rire et de l'oubli*, trad. François Kérel,
© Gallimard, coll. « Folio », 1987, p. 100-101.

Compréhension et analyse

1. Quelle est la stratégie mise au point par Tamina pour essayer de se représenter avec précision le visage de son mari ? Qu'en pensez-vous ?
2. Pourquoi Tamina s'est-elle montrée réticente à l'idée de son époux, qui voulait lui faire tenir un journal ? Son argument est-il défendable ? Justifiez votre réponse.

1. ***Irrévocablement*** : irrésistiblement.

■ Marguerite Yourcenar, « Le Dernier Amour du prince Genghi », *Nouvelles orientales* (1963)

Première femme élue à l'Académie française en 1980, Marguerite Yourcenar (1903-1987) a écrit les *Mémoires d'Hadrien* (1951), donnant à lire les souvenirs qu'elle attribue à l'un des plus grands empereurs romains. Dans l'une de ses *Nouvelles orientales*, « Le Dernier Amour du prince Genghi », elle met en scène le donjuanesque prince Genghi, qui, au moment de son agonie, se souvient de toutes les femmes qu'il a croisées. Il oublie toutefois un nom, un seul, pourtant probablement essentiel : celui de la seule femme qui l'a réellement aimé et qui s'est occupée de lui jusqu'à sa mort : la Dame-du-village-des-fleurs-qui-tombent, *alias* Chujo. Les aléas de la mémoire sonnent comme un *memento mori*[1], poignant de justesse.

[Je t'aimais, je t'aime et je t'oublierai]

« Je vais mourir, fit-il péniblement. Je ne me plains pas d'un sort que je partage avec les fleurs, avec les insectes, avec les astres. Dans un univers où tout passe comme un songe, on s'en voudrait de durer toujours. Je ne me plains pas que les choses, les êtres, les cœurs soient périssables, puisqu'une part de leur beauté est faite de ce malheur. Ce qui m'afflige, c'est qu'ils soient uniques. Jadis, la certitude d'obtenir à chaque instant de ma vie une révélation qui ne se renouvellerait plus composait le plus clair de mes secrets plaisirs : maintenant, je meurs honteux comme un privilégié qui aurait assisté seul à une fête sublime qu'on ne donnera qu'une fois. Chers objets, vous n'avez plus pour témoin qu'un aveugle qui meurt… D'autres femmes fleuriront, aussi souriantes que celles que j'ai aimées, mais leur

1. Voir encadré, p. 113.

sourire sera différent, et le grain de beauté qui me passionnait se sera déplacé sur leur joue d'ambre de l'épaisseur d'un atome. D'autres cœurs se briseront sous le poids d'un insupportable amour, mais leurs larmes ne seront pas nos larmes. Des mains moites de désir continueront de se joindre sous les amandiers en fleur, mais la même pluie de pétales ne s'effeuille jamais deux fois sur le même bonheur humain. Ah, je me sens pareil à un homme emporté par une inondation, qui voudrait au moins trouver un coin de terre laissé à sec pour y déposer quelques lettres jaunies et quelques éventails aux nuances fanées… Que deviendras-tu, quand je ne serai plus là pour m'attendrir sur toi, Souvenir de la Princesse Bleue, ma première femme, à l'amour de qui je n'ai cru que le lendemain de sa mort ? Et toi, Souvenir désolé de la Dame-du-Pavillon-des-Volubilis, qui mourut dans mes bras parce qu'une rivale jalouse avait tenu à être seule à m'aimer ? Et vous, Souvenirs insidieux de ma trop belle marâtre et de ma trop jeune épouse, qui se chargèrent de m'apprendre tour à tour ce qu'on souffre à être le complice ou la victime d'une infidélité ? Et toi, Souvenir subtil de la Dame Cigale-du-Jardin, qui se déroba par pudeur, de sorte que je dus me consoler auprès de son jeune frère, dont le visage enfantin reflétait quelques traits de ce timide sourire de femme ? Et toi, cher Souvenir de la Dame-de-la-Longue-Nuit, qui fut si douce, et qui consentit à n'être que la troisième dans ma maison et dans mon cœur ? Et toi, pauvre petit Souvenir pastoral de la fille du fermier So-Hei, qui n'aimait en moi que mon passé ? Et toi surtout, toi, Souvenir délicieux de la petite Chujo qui me masse en ce moment les pieds, et qui n'aura pas le temps d'être un souvenir ? Chujo, que j'aurais voulu rencontrer plus tôt dans ma vie, mais il est juste aussi qu'un fruit soit réservé pour l'arrière-automne… »

Grisé de tristesse, il laissa retomber sa tête sur son dur oreiller. La Dame-du-village-des-fleurs-qui-tombent se pencha sur lui et murmura toute tremblante :

« N'y avait-il pas dans ton palais une autre femme, dont tu n'as pas prononcé le nom ? N'était-elle pas douce ? Ne s'appelait-elle pas la Dame-du-village-des-fleurs-qui-tombent ? Ah, souviens-toi... »

Mais déjà les traits du prince Genghi avaient acquis cette sérénité qui n'est réservée qu'aux morts. La fin de toute douleur avait effacé de son visage toute trace de satiété ou d'amertume et semblait lui avoir persuadé à lui-même qu'il avait encore dix-huit ans. La Dame-du-village-des-fleurs-qui-tombent se jeta sur le sol en hurlant au mépris de toute retenue ; ses larmes salées dévastaient ses joues comme une pluie d'orage, et ses cheveux arrachés par poignées s'envolaient comme de la bourre de soie. Le seul nom que Genghi avait oublié, c'était précisément le sien.

Marguerite Yourcenar, « Le Dernier Amour du prince Genghi »,
Nouvelles orientales, © Gallimard, 1963,
coll. « L'imaginaire », 2015, p. 72-75.

Compréhension et analyse

1. Quel rapport est établi entre souvenir et unicité des êtres ou des actions ?
2. L'oubli est-il synonyme de mort, d'après votre lecture du texte ? Appuyez-vous sur la réaction de la Dame-du-village-des-fleurs-qui-tombent.

Zoom sur

Freud et la mémoire

Sigmund Freud (1856-1939), médecin autrichien, est considéré comme le fondateur de la psychanalyse. Sa définition de la mémoire est intéressante : « La conscience naîtrait là où s'arrête la trace mnésique », c'est-à-dire la trace inscrite dans la mémoire (« Au-delà du principe de plaisir », *Essais de psychanalyse*, trad. S. Jankélévitch, Payot, 1967, p. 31). Il considère ainsi que mémoire et conscience ne sont pas liées. La mémoire est constituée d'éléments assimilés de façon inconsciente et qui forment une sorte de gisement au fond de nous. Ces données dont nous n'avons plus conscience sont susceptibles de rejaillir par le biais de rêves, d'actes manqués (lapsus, etc.). Dans le chapitre v de *L'Interprétation des rêves* (1900), Freud explique que de nombreux souvenirs d'enfance ne sont plus à la disposition de notre conscience, mais se manifestent la nuit sous forme de rêves. On se rappelle ainsi une part de notre passé, sans pour autant s'en souvenir (en effet, le souvenir est considéré comme une donnée stockée dont on a conscience, et que l'on peut convoquer quand on en a besoin, à la différence de la mémoire, qui est bien davantage liée à l'inconscient). Dès lors, l'oubli n'est pas tenu pour un dysfonctionnement de la mémoire. C'est tout au contraire l'une de ses conditions *sine qua non*. C'est en suivant une psychanalyse que le patient est susceptible de révéler une part de son passé au psychanalyste, qui l'interprète et tente ainsi de résoudre les problèmes psychologiques auxquels il est confronté.

■ Joachim Du Bellay, « Heureux qui, comme Ulysse... », *Les Regrets* (1558)

Du Bellay est un poète français (1522-1560), membre du mouvement poétique appelé la Pléiade. *Les Regrets* sont un recueil de poèmes constitué en grande partie d'élégies[1] et de textes satiriques. Le sonnet suivant a été composé lors du séjour du poète à Rome. S'écartant du thème habituel de la femme aimée, Du Bellay s'attache à dépeindre sa nostalgie, son désir de retrouver son pays natal, l'Anjou, loin de Rome et de ses hypocrisies.

[Cher pays de mon enfance]

XXXI

Heureux qui, comme Ulysse, a fait un beau voyage[2],
Ou comme celui-là qui conquit la toison[3],
Et puis est retourné, plein d'usage et raison,
Vivre entre ses parents le reste de son âge[4] !

Quand reverrai-je, hélas, de mon petit village
Fumer la cheminée, et en quelle saison,
Reverrai-je le clos de ma pauvre maison,
Qui m'est une province[5], et beaucoup davantage ?

---

1. ***Élégies*** : poèmes caractérisés par un ton plaintif, adapté à l'évocation de la mort ou à l'expression d'une souffrance amoureuse.
2. Dans la mythologie grecque, Ulysse a dû quitter son royaume d'Ithaque pour prendre part à la guerre de Troie au côté des Grecs. Après dix ans de combat, il a encore erré dix ans en mer avant de rentrer chez lui. C'est son retour qu'Homère raconte dans l'*Odyssée*.
3. Allusion à Jason qui, dans la mythologie grecque, conquit la Toison d'or avec les Argonautes.
4. ***Le reste de son âge*** : le reste de sa vie.
5. ***Province*** : lieu familier, par contraste avec l'existence romaine dont le poète se sent étranger.

Plus me plaît le séjour qu'ont bâti mes aïeux,
Que des palais romains le front [1] audacieux,
Plus que le marbre dur me plaît l'ardoise fine,

Plus mon Loire [2] Gaulois, que le Tibre [3] Latin,
Plus mon petit Liré [4], que le mont Palatin [5],
Et plus que l'air marin la douceur angevine [6].

Joachim Du Bellay, « Heureux qui, comme Ulysse… »,
Les Regrets, trad. français moderne Rémi Poirier,
Flammarion, coll. « Étonnants Classiques », 2013, p. 73.

Compréhension et analyse

1. Par quels éléments concrets Du Bellay évoque-t-il sa nostalgie ? Justifiez votre réponse en citant le texte.
2. À votre avis, Du Bellay idéalise-t-il son pays natal ? Pour quelle raison agirait-il de la sorte ?

■ Roger Caillois, *Le Fleuve Alphée* (2008)

Le penseur et écrivain français Roger Caillois (1913-1978) illustre dans *Le Fleuve Alphée* le risque de confondre ce que l'on a vraiment vécu et ce que les autres nous en racontent. La frontière entre les deux peut être étonnamment perméable. En outre, si notre mémoire est assurément sélective, l'amnésie, elle, est volontaire ou inconsciente. Et l'oubli est étroitement lié au processus de reconstruction du passé.

---

1. ***Front*** : fronton.
2. ***Mon Loire*** : la Loire (le nom était masculin au XVIe siècle).
3. ***Tibre*** : fleuve qui traverse Rome.
4. ***Liré*** : village d'Anjou dont Du Bellay était originaire.
5. ***Mont Palatin*** : l'une des sept collines de Rome.
6. ***Angevine*** : d'Anjou, région française.

Au début du passage, Roger Caillois raconte son enfance et évoque les lieux où il a grandi.

[Souvenirs orientés]

Je vécus là une enfance tranquille et ignorante de tout ce qui n'était pas la nature et la vie d'un village, telle qu'un très jeune enfant peut en voir et en savoir. À vrai dire, je connaissais du monde seulement ce que j'en voyais, entendais, respirais ou flairais. J'ai grandi hors des rues, sans compagnons de jeux, sans livres, même d'images, sans écrans de cinéma ni, il va de soi, de télévision ; dans la seule familiarité des herbes folles, des épis et des arbres, des bêtes, des odeurs naturelles ; certes, avec des hommes, mais avec des hommes logés ou peu s'en faut à la même enseigne que moi et vivant dans les mêmes conditions.

Je confonds dans ma mémoire ce que j'ai vécu et ce qu'on m'a raconté depuis. Récits et faits réels m'impressionnaient tout autant. Les plus vieux habitants du village parlaient avec respect de mon grand-oncle L'écrivain qui, pendant le Carême [1], se retirait dans une cabane au fond du jardin et s'y nourrissait exclusivement de pain et d'eau. Je ne l'ai pas connu, mais solitude et jeûne le grandissaient à mes yeux. On me disait aussi qu'à table, les enfants, même adultes, ne devaient pas ouvrir la bouche, sinon pour répondre aux questions qu'il leur posait. J'étais ému et effrayé d'une telle sévérité. Je me réjouissais, sans oser le dire, qu'il fût mort. Je n'ai même pas retenu quelle était sa maison. Sans doute me l'a-t-on montrée. J'en avais peur. Peut-être détournais-je les yeux.

Je suis entré plusieurs fois dans notre propre maison dans une chambre de l'étage, sous le grenier, dont la puanteur m'épouvantait. Il y gisait une très vieille femme paralysée et qui

1. ***Carême*** : période de jeûne de quarante jours instituée par les chrétiens, en référence à la période de jeûne du Christ dans le désert.

ne quittait pas son lit. Comme c'était une parente, je suppose qu'on me traînait auprès d'elle tous les ans pour que je lui présente mes vœux. J'appréhendais plusieurs jours à l'avance le moment où je devrais l'embrasser.

Est-ce elle ou sa mère qui avait été possédée du démon et exorcisée [1] par un chanoine [2] venu de Vitry-le-François [3] ? Après sa mort, j'en devins très fier, surtout quand je lus des livres qui se passaient au Moyen Âge et où se trouvaient décrites des scènes d'exorcisme. J'imaginais alors le dignitaire vêtu des ornements sacramentaux, armé d'un crucifix et d'un goupillon [4], prononçant le *Vade retro, Satana* [5] sur l'affreuse vieille rabougrie et à l'odeur repoussante, qui, des années auparavant, m'avait fait fuir. Il ne me venait pas à l'esprit qu'elle avait dû être jeune. Pourtant, dans les livres, c'étaient de belles jeunes femmes qu'on exorcisait, agitées, affolées, échevelées et non presque chauves, la tête prise dans un bonnet sale, retenu sur la tête par un cordonnet noué sous le menton.

Roger Caillois, *Le Fleuve Alphée*,
Œuvres, © Gallimard, coll. « Quarto », 2008.

Compréhension et analyse

1. Relevez les mots et tournures de phrases qui montrent que Roger Caillois ne se souvient pas précisément de cette partie de son enfance.
2. Roger Caillois idéalise-t-il les personnages de son enfance ? Pourquoi ? Les reconstruit-il ? Comment ?

---

1. *Exorcisée* : délivrée des démons qui la possédaient.
2. *Chanoine* : dignitaire ecclésiastique, religieux.
3. *Vitry-le-François* : commune de l'est de la France.
4. *Goupillon* : petit bâton dont on se sert pour asperger d'eau bénite.
5. *Vade retro, Satana* : « Arrière, Satan ! » est une formule employée pour exorciser quelqu'un.

■ Marc Augé, *Les Formes de l'oubli* (1998)

Les travaux que l'anthropologue français Marc Augé (né en 1935) consacre à l'oubli expliquent le bien-fondé de ce processus et soulignent la pertinence d'une comparaison entre mémoire et jardin. Se remémorer consiste à faire le travail d'un jardinier, déracinant certains souvenirs, permettant à d'autres de fleurir. Se trouvent soulignés le caractère « programmatique » de l'oubli et la façon dont ce dernier dessine l'identité d'un individu.

[À chacun son jardin]

Se souvenir ou oublier, c'est faire un travail de jardinier, sélectionner, élaguer[1]. Les souvenirs sont comme les plantes : il y en a qu'il faut éliminer très rapidement pour aider les autres à s'épanouir, à se transformer, à fleurir. Ces plantes qui accomplissent leur destin, ces plantes épanouies se sont en quelque sorte oubliées elles-mêmes pour se transformer : entre les graines ou les boutures qui leur ont donné naissance et ce qu'elles sont devenues, il n'y a plus guère de rapport apparent ; la fleur, en ce sens, c'est l'oubli de la graine (rappelons-nous le vers de Malherbe qui continue cette histoire : « Et les fruits ont passé la promesse des fleurs[2] »).

Peut-être le bien-fondé de ma comparaison est-il contestable et peut-on m'objecter que les transformations végétales sont nécessaires et attendues, que les plantes n'accomplissent pas leur destin mais réalisent leur programme, ce qui n'est pas le cas des souvenirs puisque à l'origine au moins ils sont soumis à la contingence de l'événement, aux hasards de l'existence. Posons-nous toutefois la question suivante : lorsque nous

---

1. *Élaguer* : couper les branches superflues d'un arbre.
2. *Malherbe* (1555-1628) est un poète français. Il écrit : « Et les fruits passeront la promesse des fleurs » (*Stances*, « Prière pour le roi Henri le Grand »).

connaissons bien quelqu'un, lorsque nous l'avons déjà vu à l'épreuve de l'amour, du deuil ou de la souffrance, est-ce que nous ne pouvons pas prévoir les événements, les types d'événements qui lui « feront de l'effet », comme on dit et comme le dit à peu près Littré[1] ? Et aussi la manière dont il s'en souviendra, les transformera, les mythifiera peut-être, ou, à la longue, les oubliera ? Sans parler de ceux qu'il refusera, refoulera, déniera, mettra tout de suite dans un coin pour essayer de ne plus y penser ? La question, dans sa forme dernière, serait donc : n'est-il pas vrai qu'un individu donné – un individu soumis comme tous les autres à l'événement et à l'histoire – a des souvenirs et des oublis particuliers, spécifiques ? Je risque une formule : « dis-moi ce que tu oublies, je te dirai qui tu es ».

Marc Augé, *Les Formes de l'oubli*,
© Payot & Rivages, 1998, 2001, p. 24-26.

Compréhension et analyse

1. Expliquer le parallèle fait par l'auteur entre horticulture et souvenirs. Est-il contestable ?
2. Que pensez-vous de la formule finale du texte : « dis-moi ce que tu oublies, je te dirai qui tu es » ?

4. Le souvenir : entre temps passé et temps présent

« La mémoire est l'avenir du passé[2]. »

L'oubli et le souvenir ne peuvent exister qu'en vertu d'une temporalité sur laquelle se fondent les sociétés et au regard de laquelle elles

1. ***Émile Littré*** (1801-1881) est connu pour son *Dictionnaire de la langue française*.
2. Paul Valéry, *Cahiers I, Mémoire*, 1987.

inscrivent leur développement. Ainsi, c'est en fonction de leur rapport au temps que l'ethnologue et anthropologue Claude Lévi-Strauss distingue deux types de société : les « sociétés froides » et les « sociétés chaudes ». Rites et traditions caractérisent les premières, très attachées au passé, tandis que le changement définit les secondes, auxquelles correspondent nos sociétés modernes. Structurant pour les sociétés, ce rapport au temps l'est aussi pour l'individu lui-même, qui se construit et évolue à travers une temporalité. Ses souvenirs sont des informations relatives au temps passé stockées dans sa mémoire selon des processus très différents, qui relèvent de la perception, des idées, etc., comme l'explique saint Augustin (p. 53). Progressivement, leur quantité et l'importance diverse qu'ils occupent dans l'esprit, et la part qui leur revient dans l'identité, créent un « effet de brume », pour reprendre l'expression du penseur Umberto Eco (*Six Promenades dans les bois du roman et d'ailleurs*, 1994) : on ne distingue plus très bien les différentes strates temporelles auxquelles ils sont liés ; celles-ci ont tendance à se superposer et à confondre leurs frontières, ainsi que l'illustre Patrick Modiano dans *Dora Bruder* (p. 56). Dès lors, face à cet ensemble confus, il paraît intéressant de saisir l'unité qui se dégage des souvenirs. Pour y parvenir, Patrick Chamoiseau invente une langue poétique personnelle (p. 58)... Jean-Marc et Yves Tadié, eux, affirment la liberté de se construire selon tel ou tel souvenir (p. 61). Le présent n'est pas seulement un temps situé après le passé. Il exerce lui-même une influence sur le souvenir que l'on a du passé, il construit le passé et le futur, dans une triangulation libre et à géométrie variable.

■ Saint Augustin, *Confessions*, livre X (IV-Ve siècle)

Théologien et philosophe né en Afrique du Nord, saint Augustin (354-430) a mené une vie de débauche avant de se tourner vers Dieu et la théologie. Selon lui, la mémoire est comme un immense entrepôt où l'on doit chercher ce dont on a besoin. Il reprend l'idée de réminiscence exposée par le philosophe grec Platon (Ve-IVe siècle av. J.-C.) : je comprends une idée parce que mon âme en est déjà pénétrée depuis longtemps, la reconnaît et peut la faire sortir des profondeurs où elle se trouvait.

[Je le savais !]

Je passerai donc au-delà de ces puissances naturelles qui sont en moi pour m'élever comme par degrés vers celui qui m'a créé [1], et je viendrai à ces larges campagnes, et à ces vastes palais de ma mémoire où sont renfermés les trésors de ce nombre infini d'images qui y sont entrées par les portes de mes sens. C'est là que nous conservons aussi toutes nos pensées en y ajoutant ou diminuant, ou changeant quelque chose de ce que nous avons connu par les sens, et généralement tout ce qui y a été mis comme en dépôt et en réserve, et que l'oubli n'a point encore effacé et enseveli.

C'est là où je demande que l'on me tire de ce trésor ce que je désire ; et soudain quelques-unes de ces espèces en sortent et se présentent à moi : d'autres se font chercher plus longtemps et diffèrent davantage à venir ; comme si on les tirait avec peine du fond de quelques replis cachés : d'autres sortent en foule ; et bien que ce ne soit pas elles que je cherche ni que je demande, elles se produisent elles-mêmes et semblent dire : « N'est-ce point nous que vous cherchez ? » Mais je les repousse comme de la main de mon esprit et les éloigne de ma mémoire, jusqu'à ce que la chose que je désire se découvre et sorte du lieu où elle était cachée pour se présenter à moi. Il y en a d'autres qui sans interrompre leur suite viennent avec facilité dans le même ordre que je les demande ; et les premières faisant place aux autres se retirent pour revenir toutes les fois que je le voudrai : ce qui arrive lorsque je récite par cœur quelque chose. […]

1. C'est-à-dire Dieu.

Mes yeux me disent : « Si [les réalités mêmes] sont colorées, nous vous en avons fait le rapport. » Mes oreilles me disent : « Si elles ont rendu quelque son, c'est nous qui vous les avons fait connaître. » Mon nez me dit : « Si elles ont eu de l'odeur, je leur ai servi de passage. » Mon palais me dit : « Si elles n'ont point de saveur, ne m'en demandez point de nouvelles. » Et mes mains me disent : « Si elles ne sont point corporelles, nous ne les avons pas touchées ; et ainsi nous n'avons eu garde de vous en donner avis. » D'où donc, et par où sont-elles entrées dans ma mémoire ? Certes je ne sais. Car lorsque je les ai apprises, je ne m'en suis pas rapporté à l'esprit d'un autre, mais je les ai remarquées dans le mien propre, et j'ai connu qu'elles étaient vraies, et je les lui ai données comme en dépôt pour me les garder, et me les rendre toutes les fois que je le voudrais. Elles étaient donc en moi auparavant même que de les avoir apprises [1] ; mais ce n'était peut-être pas dans ma mémoire qu'elles étaient. Comment donc, et pourquoi les ai-je reconnues lorsque l'on me les a dites, et ai-je répondu : « Cela est ainsi : ce que vous dites est véritable » ; sinon parce qu'elles étaient déjà dans ma mémoire, mais si reculées et si à l'écart, ainsi que dans des antres profonds, que si quelqu'un ne m'eût fait aviser de les en tirer, je n'y aurais possible [2] jamais pensé.

Saint Augustin, *Confessions*, livre X,
trad. Arnaud d'Andilly, GF-Flammarion, 2008, p. 93-95 et 99-103.

---

1. ***Elles étaient donc en moi auparavant même que de les avoir apprises*** : elles étaient en moi avant que je les apprenne. Cette conception a été exposée par saint Augustin dans son dialogue *De magistro* : le rôle du maître est d'*indiquer* à l'élève la connaissance qu'il possède déjà en lui afin qu'il la *reconnaisse*. En chaque homme se trouve un « maître intérieur », qui n'est autre que le Verbe, assimilé à Jésus, qui lui révèle la vérité. En somme, saint Augustin double l'idée platonicienne de réminiscence (je comprends une idée parce que mon âme reconnaît ce qu'elle a contemplé dans le monde des Idées) d'une illumination intérieure : Dieu est garant de mes connaissances.
2. ***Possible*** : peut-être.

Compréhension et analyse

1. À quoi saint Augustin compare-t-il la mémoire ? Pourquoi ?
2. Sont-ce les sens qui permettent à une idée d'entrer dans notre esprit ? Si oui, expliquez comment. Sinon, synthétisez le raisonnement de saint Augustin.

■ Patrick Modiano, *Dora Bruder* (1977)

Écrivain français né en 1945, Patrick Modiano reçoit le prix Nobel de littérature en 2014. Hanté par la mémoire et ses méandres, il écrit *Pour que tu ne te perdes pas dans le quartier* (2014), après avoir abordé ce thème à de nombreuses reprises, notamment dans *Dora Bruder*. Le narrateur, assimilé à l'auteur, tente de reconstituer l'histoire d'une jeune fille inconnue, Dora Bruder, déportée à Auschwitz. Au fil de ses recherches, le narrateur évoque des souvenirs de sa propre vie et s'identifie de plus en plus à la jeune femme qui l'occupe. Devenues enquêtes, ses promenades mettent en évidence les frontières brouillées entre strates du passé et du présent.

[Jeu de miroirs]

D'hier à aujourd'hui. Avec le recul des années, les perspectives se brouillent pour moi, les hivers se mêlent l'un à l'autre. Celui de 1965 et celui de 1942.

En 1965, je ne savais rien de Dora Bruder. Mais aujourd'hui, trente ans après, il me semble que ces longues attentes dans les cafés du carrefour Ornano, ces itinéraires, toujours les mêmes – je suivais la rue du Mont-Cenis pour rejoindre les hôtels de la Butte Montmartre : l'hôtel Roma, l'Alsina ou le Terrass, rue Caulaincourt [1] –, et ces impressions fugitives que j'ai gardées :

1. Tous ces noms se rapportent au XVIIIe arrondissement de Paris.

une nuit de printemps où l'on entendait des éclats de voix sous les arbres du square Clignancourt, et l'hiver, de nouveau, à mesure que l'on descendait vers Simplon et le boulevard Ornano, tout cela n'était pas dû simplement au hasard. Peut-être, sans que j'en éprouve encore une claire conscience, étais-je sur la trace de Dora Bruder et de ses parents. Ils étaient là, déjà, en filigrane.

J'essaye de trouver des indices, les plus lointains dans le temps. Vers douze ans, quand j'accompagnais ma mère au marché aux Puces de Clignancourt, un Juif polonais vendait des valises, à droite, au début de l'une de ces allées bordées de stands, marché Malik, marché Vernaison… Des valises luxueuses, en cuir, en crocodile, d'autres en carton bouilli, des sacs de voyage, des malles-cabines portant des étiquettes de compagnies transatlantiques – toutes empilées les unes sur les autres. Son stand à lui était à ciel ouvert. Il avait toujours au coin des lèvres une cigarette et, un après-midi, il m'en avait offert une.

Je suis allé quelquefois au cinéma, boulevard Ornano. Au Clignancourt Palace, à la fin du boulevard, à côté de « Verse Toujours ». Et à l'Ornano 43.

J'ai appris plus tard que l'Ornano 43 était un très ancien cinéma. On l'avait reconstruit au cours des années 1930, en lui donnant une allure de paquebot. Je suis retourné dans ces parages au mois de mai 1996. Un magasin a remplacé le cinéma. On traverse la rue Hermel et l'on arrive devant l'immeuble du 41 boulevard Ornano, l'adresse indiquée dans l'avis de recherche de Dora Bruder.

Un immeuble de cinq étages de la fin du XIXe siècle. Il forme avec le 39 un bloc entouré par le boulevard, le débouché de la rue Hermel et la rue du Simplon qui passe derrière les deux immeubles. Ceux-ci sont semblables. Le 39 porte une inscription indiquant le nom de son architecte, un certain Richefeu, et la date de sa construction : 1881. Il en va certainement de même pour le 41.

Patrick Modiano, *Dora Bruder*,

Compréhension et analyse

1. Comment la narration met-elle en évidence le mélange des temporalités ?
2. En quoi le cadre spatial offre-t-il une dynamique au souvenir ? Donnez des exemples tirés du texte.

■ Patrick Chamoiseau, *Une enfance créole I : Antan d'enfance* (1990)

Patrick Chamoiseau est un écrivain français né en 1953 à la Martinique. Il reçoit le prix Goncourt en 1992 pour son roman *Texaco*, qui évoque l'histoire de cette île. Dans *Une enfance créole*, il fait la chronique d'une enfance martiniquaise par le biais d'une langue réinventée. Il évoque ses souvenirs d'enfance en choisissant l'errance et l'invention comme guides dans le parcours lacunaire qu'est la mémoire. L'enfance est vue comme un terreau, une richesse, un éden peut-être trompeur mais plein d'enseignement dans ce qu'il apporte et ce qu'il révèle sur soi. Le travail de mémoire est un cheminement à deux : le souvenir s'offre et l'écrivain le travaille pour le faire renaître.

[La langue du souvenir]

Peux-tu dire de l'enfance ce que l'on n'en sait plus ? Peux-tu, non la décrire, mais l'arpenter dans ses états magiques, retrouver son arcane[1] d'argile et de nuages, d'ombres d'escalier et de vent fol[2], et témoigner de cette enveloppe construite à mesure qu'effeuillant le rêve et le mystère, tu inventoriais le monde ?

Mémoire ho, cette quête est pour toi.

Et quel est ce recel[3], que veut dire cette ruine, ces paysages vides, faussement déménagés ? L'oubli, sur place, agriffe[4] encore (impuissant) et traque l'émotion persistante du souvenir tombé. À quoi sert-il, qui dénude tes hautes branches, ce nouvel effeuilleur ?

Enfance, c'est richesse dont jamais tu n'accordes géographie très claire. Tu y bouscules les époques et les âges, les rires et l'illusion d'avoir ri, les lieux et les sensations qui n'y sont jamais nées. Tu y mènes bacchanale[5] de visages et de sons, de douleurs et de dentelles, de brins d'histoires dont rien n'a l'origine, et d'êtres ambigus, aimés ou haïs. Ils furent d'importance et ils le sont encore, tellement tu les dessines, les transportes, les préserves –, mémoire pourquoi accordes-tu cette richesse sans pour autant l'offrir ?

Et quand s'écoule d'un au-delà des yeux, sans annonce ni appel, un lot de souvenirs, quand s'élève en bouffée la mensongère estime d'un temps heureux, que l'on réinvestit cette période sorcière où chaque brin du monde donnait lecture des possibles du monde, où la réalité même du monde était niche indéfinie de fourmis toutes très folles, et que l'on s'y sent, non pas étranger, mais en humeur d'exilé – est-ce, mémoire, moi qui me souviens ou toi qui te souviens de moi ?

Mémoire, passons un pacte le temps d'un crayonné, baisse palissades et apaise les farouches, suggère le secret des traces

1. ***Arcane*** : voir note 2, p. 20.
2. ***Fol*** : fou.
3. ***Recel*** : délit consistant à détenir sciemment des objets provenant d'une infraction ou à donner asile à des personnes responsables d'infraction.
4. ***Agriffe*** : saisit.
5. ***Bacchanale*** : fête bruyante et effrénée.

invoquées au bord de tes raziés. Moi, je n'emporte ni sac de rapt ni coutelas de conquête, rien qu'une ivresse et que joie bien docile au gré (coulée du temps) de ta coulée.

Passons un pacte.

Où débute l'enfance ? Au souvenir de la vision du monde sous le premier regard ? À l'éclaboussure du pays-vu contre la prime conscience ? La haute confidente évoque une soirée commencée en douleurs. La valise était prête depuis l'après-Toussaint. Le voyage se fit à pied au long du canal Levassor, vers l'hôpital civil. À 21 heures, un jeudi oui, sous la boule des pluies et des vents de décembre, la sage-femme cueillit le premier cri, et la confidente d'aujourd'hui accueillit « le dernier bout de ses boyaux ». C'était sa manière créole de nommer le cinquième et – en résolution – le dernier de ses enfants.

Quand, aujourd'hui, vient de celui-ci l'étonnement plus ou moins imbécile : Mais manman, pourquoi es-tu montée à pied ? *Eti man té ké pwan lajan pou trapé loto-a ?* Où aurais-je pris l'argent pour payer la voiture ? dit-elle, à la fois fière et consternée.

Il est arrivé à l'homme de refaire ce chemin de naissance.

Patrick Chamoiseau, *Une enfance créole I : Antan d'enfance*,

Compréhension et analyse

1. Comment le caractère lacunaire de la mémoire est-il mis en évidence ? Est-ce une source d'inspiration pour l'auteur ? Comment passé et présent cohabitent-il dans ce texte ?
2. Décrivez le style de Patrick Chamoiseau. Que cherche-t-il ainsi à exprimer ?

■ Jean-Yves et Marc Tadié, *Le Sens de la mémoire* (1999)

Dans leur ouvrage, Jean-Yves Tadié (spécialiste de Marcel Proust) et Marc Tadié (neurochirurgien) développent l'idée de l'intentionnalité de notre mémoire. En effet, notre mémoire nous permet de choisir dans le passé ce qui consolide notre présent, et de sélectionner dans notre présent nos futurs souvenirs. De plus, dans notre mémoire, nos souvenirs se modifient en fonction du présent et de l'idée que nous nous faisons de nous-mêmes. Nos oublis et nos souvenirs permettent ainsi de consolider notre identité, en fonction de choix où nous faisons un plein usage de notre liberté : se souvenir et oublier, c'est être libre.

[Je me souviens donc je suis libre ?]

Toutes nos actions passées, nos émotions, nos sensations ont modelé notre personnalité mais nous continuons, adulte, d'être cet enfant qui aimait jouer au soldat, ou cet adolescent amoureux d'un certain type de femme. Cette continuité fait que notre passé pèse de tout son poids sur notre façon de percevoir le présent : notre passé conditionne les caractéristiques de nos futurs souvenirs. Notre passé ne se superpose pas au présent pour permettre de l'identifier, il reste derrière nous pour choisir dans le présent ce que nous souhaitons identifier et engrammer [1] dans notre mémoire. […] L'acte de mise en mémoire peut donc être comparé à un éclairage que nous donnons, grâce à un projecteur qui est en nous, sur certains aspects d'une perception pour la mettre en mémoire. Même pour la mémoire habitude, l'intentionnalité est manifeste. Nous voulons acquérir l'habitude de faire quelque chose pour que celle-ci devienne une action réflexe qui nous serve.

---

1. ***Engrammer*** : fixer biologiquement dans le cerveau.

Dans notre mémoire, nos souvenirs se modifient en fonction du présent, du contexte. L'intentionnalité joue un rôle important : au fur et à mesure de notre progression dans la vie, nous forgeons une certaine idée de nous-mêmes. De même que les historiens auront tendance à choisir dans le passé d'un pays les faits qui vont dans le sens de l'image qu'ils veulent en donner, et à gommer ou estomper les autres, de même nous aurons tendance à garder, modifier et idéaliser les souvenirs qui renforcent l'idée que nous nous faisons de nous-mêmes et à effacer les autres. Nos souvenirs doivent adhérer à la conception que nous avons de nous-mêmes dans le présent et vers l'avenir. C'est ce qu'exprime Merleau-Ponty [1] quand il écrit : « La mémoire est non pas la conscience constituante du passé, mais un effort pour rouvrir le temps à partir des implications du présent. »

Notre passé conditionne notre présent mais c'est nous qui l'acceptons, le modifions ou le refusons en fonction de notre moi présent. Notre vie actuelle est juchée sur la pyramide de notre passé, mais pour que celle-ci soit solide nous devons en permanence vérifier, modifier, cimenter ou éliminer les pierres qui la constituent afin de ne pas remettre en question le fragile équilibre de la pointe sur laquelle nous nous tenons. La plupart de nos oublis ne sont donc pas des accidents de la mémoire mais plutôt une conséquence intentionnelle. À force de ne pas être rappelés, parce qu'ils ne nous intéressent plus ou nous gênent, les souvenirs sombrent dans l'oubli, les neurones qui les supportent entrent en apoptose [2] faute de facteur de croissance ou de neurotransmetteur. [...]

Alors, si la mémoire est en grande partie intentionnelle à tous les niveaux de son fonctionnement, elle est aussi un espace de liberté : agir intentionnellement c'est agir librement. Si on

1. ***Merleau-Ponty*** (1908-1961) est un philosophe français. Cette citation est tirée de la *Phénoménologie de la perception*, Gallimard, 1976, p. 211.
2. ***Apoptose*** : autodestruction d'une cellule.

considère que la liberté est la possibilité d'effectuer un choix entre un certain nombre de possibilités, la mémoire joue un rôle important dans ce choix. Le poids des souvenirs peut nous contraindre à agir dans un sens ou, en refusant celui-ci, à faire le contraire de ce que nous recommande la mémoire. Cette possibilité de choix qui définit la liberté résume une grande part de la mémoire : si les sensations s'imposent à nous, les perceptions que nous souhaitons garder en mémoire sont choisies intentionnellement. Elles sont choisies en fonction de ce que je suis, or ce moi présent est indissociable de mon moi passé qui lui dicte en partie son action qui reste dans la dynamique de tout mon être.

Jean-Yves et Marc Tadié, *Le Sens de la mémoire*,
© Gallimard, 1999, p. 328-330.

Compréhension et analyse

1. Quel rôle la mémoire joue-t-elle dans la construction de notre identité ? Justifiez votre réponse en vous appuyant sur des citations du texte.
2. En quoi, prise entre temps passé et temps présent, la mémoire est-elle un « espace de liberté » ?

Mémoires vives

▲ René Magritte (1898-1967) a peint *La Mémoire* (1954) peu après la Seconde Guerre mondiale. Ce tableau appartient à une longue série que l'artiste a consacrée à la mémoire, l'incarnant dans chaque toile par la même tête de statue à l'antique, les yeux fermés et saignant. Inscrivant la mémoire dans un entre-deux – entre vie et mort, entre présent et passé –, René Magritte semble s'attacher à traduire les fêlures, la fragilité et les contrastes qui la caractérisent (voir dossier, p. 188).

Ma mémoire est personnelle

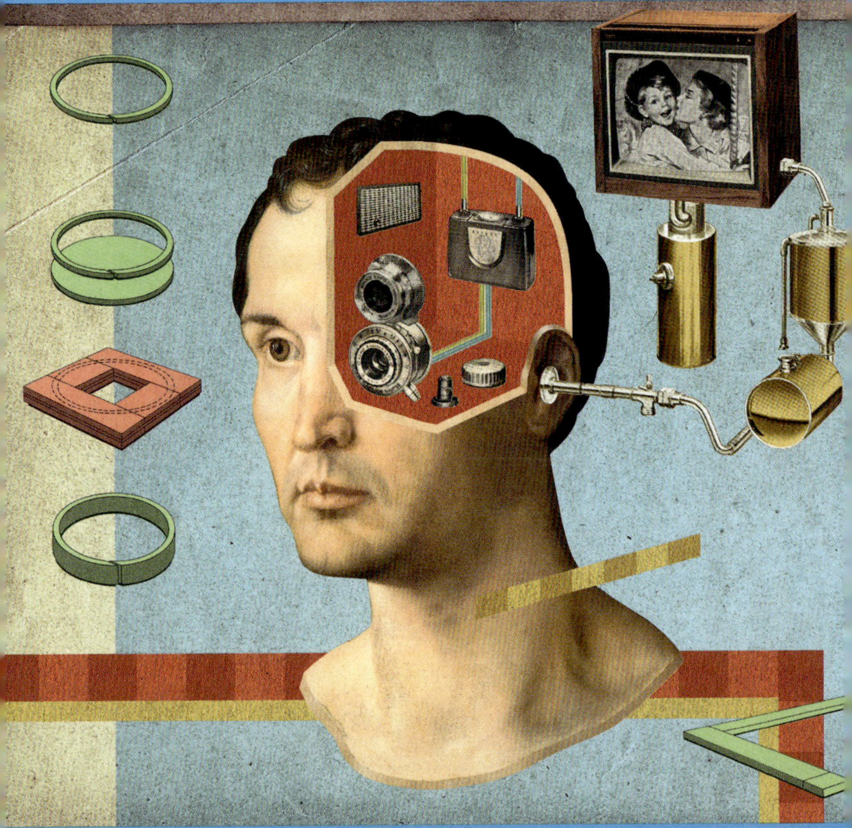

▲ L'artiste colombien Randy Mora publie ses illustrations dans la presse du monde entier. Sa série *Memory* a paru dans les journaux britanniques *The Guardian* et *The Observer* en 2012. Ici, Randy Mora choisit de s'intéresser aux mécanismes du souvenir ; les cuves et autres bassins relient passé et présent, selon une logique combinant intimité et rationalité.

▶ Sur la fin de sa vie, influencé par Gauguin, qu'il retrouve à Arles en 1888, Van Gogh (1853-1890) renc
à peindre d'après nature. Il ne cherche plus à être réaliste mais à représenter dans ses toiles les scènes
s'offrent à son esprit, comme ici. *Le Souvenir du jardin à Etten* (1888) s'inspire largement des *Arlésier*
(Mistral) de Gauguin, peintes la même année. Les deux femmes que l'on voit au premier plan seraient la n
et la sœur de Van Gogh, dans le jardin du domicile parental à Etten, en Belgique. L'évocation du pays
par touches et grandes lignes sinueuses, sans horizon, correspond aux déformations qui accompagn
souvent le souvenir. La suggestion est également soutenue par une large palette de coule
Cette peinture donne ainsi l'impression de retranscrire la fragilité et la pérennité des souve

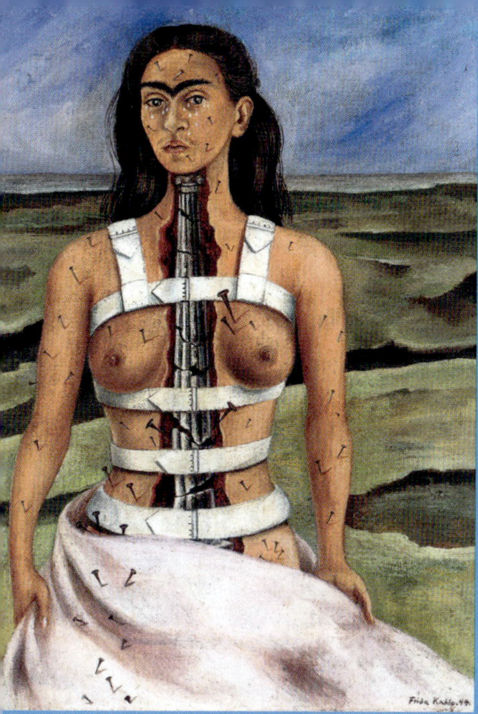

◀ Dans cet autoportrait intitulé *La Colonne brisée*, peint en 1944, Frida Kahlo (1907-1954) se représente dans un paysage désolé, le buste enserré dans un corset et la peau transpercée de clous, telle celle d'une crucifiée. En proie à de nombreuses souffrances physiques après un accident de bus dans lequel elle a été gravement blessée à dix-huit ans, ainsi qu'à des souffrances morales liées aux infidélités répétées de son époux Diego Rivera, l'artiste tente d'exorciser par la peinture les tourments d'une mémoire à vif.

Ma mémoire est sélective

Le rappeur français Original Gros Bonhomme (OGB) rejoint le collectif Mafia K'1 Fry et sort en 2011 un album intitulé *La Mémoire*. Sur le visuel choisi pour ce dernier, la juxtaposition de mots sur le visage évoque la profusion de souvenirs qui se côtoient et animent l'esprit. Circonscrivant et, par conséquent, délimitant cette accumulation, le choix de l'éclairage signale aussi la sélection qui s'opère dans la mémoire de chacun.

Dans son livre intitulé *Je me souviens*, l'historien et professeur québécois Jocelyn Létourneau s'interroge sur le rapport de la jeunesse québécoise à l'histoire de son pays. Sur l'illustration de couverture, les réponses de l'élève interrogé sur les noms de personnalités emblématiques ont de quoi surprendre… Ces noms n'évoquent plus les hauts faits qui les ont rendus célèbres mais le quotidien le plus banal et le plus plat.

▲ Comment sensibiliser à la maladie d'Alzheimer et permettre à chacun de mieux comprendre ceux qui en sont atteints ? C'est à cette question que tente de répondre cette affiche réalisée par Ulysse Tanguy et Kevin Navizet pour la fondation France Alzheimer dans le cadre du concours Génération Pub 2011.

Ma mémoire est collective

▲ Monument aux morts de la Première Guerre mondiale, Entraigues, Isère. Partout en France, après la Grande Guerre, sont érigés des monuments aux morts à la mémoire des soldats qui ont donné leur vie pour défendre la patrie. La plupart le sont grâce à la participation des anciens combattants désireux d'honorer la mémoire de leurs camarades et soucieux que ces vies n'aient pas été vainement sacrifiées, que cette guerre soit la « Der des Ders » (les obus qui enserrent le poilu sont là pour rappeler l'ampleur meurtrière d'un conflit qualifié aujourd'hui de première guerre industrielle).

▶ Conçu à l'initiative de survivants de la Shoah, en 1984, le projet du mémo
de l'Holocauste à Miami Beach en Floride a été réalisé par l'artiste Kenn
Treister en pierre de Jérusalem. Au milieu des palmiers, sur une gigantes
main tendue vers le ciel et surgissant d'un bassin, tentent désespérém
de s'accrocher de dérisoires silhouettes, celles des Juifs persécutés par les n
pendant la Seconde Guerre mondi

▲ Boltanski, *Personnes*, exposition d'art contemporain Monumenta, Grand Palais, Paris, 2010. Par l'accumulation de vêtements, froidement vidés de leurs corps, l'artiste français, né en 1944, crée une installation frappante, conçue pour questionner la nature et le sens de l'humanité ainsi que la dimension essentielle du souvenir. Si cette exposition évoque la Shoah, elle rend plus largement hommage aux victimes innocentes des guerres et pointe du doigt les idéologies responsables de cette barbarie.

▲ Le jour même de l'attentat contre *Charlie Hebdo*, le 7 janvier 2015, des dessinateurs du monde entier défendent la liberté d'expression et rendent hommage aux victimes, comme ici, Philippe Geluck. La mine dressée, entourés de simples instruments à dessin, les crayons sont attaqués par un avion : le contraste des éléments en présence frappe les esprits et la composition évoque l'attaque terroriste du World Trade Center, le 11 septembre 2001. L'histoire n'est-elle qu'un éternel recommencement ? Peut-on, par l'entretien d'une mémoire collective, éviter que les horreurs se répètent ?

II. Se souvenir et oublier pour se construire

Le souvenir et l'oubli semblent être spontanément associés à deux pôles diamétralement opposés, le premier relevant d'une force positive, tandis que le second évoque la perte, la disparition. Bien plus, le premier entretient un rapport étroit avec la vérité dans la pensée grecque antique, et, par voie de conséquence, dans la pensée philosophique : si l'on considère l'étymologie du mot grec désignant la vérité, *aletheia*, on constate qu'il est composé du préfixe négatif *a* et du mot *lèthè* (« oubli » en grec). La notion de « vérité », si chère à la pensée philosophique, historique et scientifique en général, semble ainsi construite sur le refus de l'oubli.
Pour autant, toujours dans l'Antiquité, l'oubli est doté d'un caractère nécessaire : dans la mythologie grecque, les morts qui ont passé suffisamment de temps dans les Enfers peuvent aspirer à une nouvelle vie sur terre, sous de nouveaux traits. Mais il leur faut d'abord oublier leur passé, grâce au fleuve Léthé, qui sépare l'Hadès du monde des vivants [1].

---

1. En outre, à l'époque où le philosophe grec Platon célébrait la vérité et sa lumière, la mémoire et ses qualités, était mise en pratique l'amnésie volontaire : au début du IVe siècle av. J.-C., comprenant que l'oubli était leur seule chance de sortir de l'ornière creusée par leur défaite contre Sparte puis par la guerre civile qui avait opposé oligarques et démocrates, les Athéniens décidèrent d'imposer une amnésie collective au peuple. L'oubli devenait une force de cohésion, de (re)construction efficace et raisonnable.

Ainsi, mémoire et oubli n'ont pas toujours été deux valeurs antithétiques et, aujourd'hui encore, leur cohabitation paraît garantir une construction harmonieuse de soi. Aussi, en renforçant la première et en réduisant à néant, ou presque, le second, l'avènement du numérique ne va-t-il pas sans poser de questions.

1. L'importance du souvenir

« La mémoire est la sentinelle de l'esprit [1]. »

Dans *Phèdre*, le philosophe Platon se penche sur la façon de se souvenir et de transmettre une connaissance digne de mémoire. Opposant l'oral et l'écrit, il préfère le premier, pour sa souplesse, au second, dont il regrette le caractère figé. Un tel débat met en lumière l'importance accordée au souvenir, comme élément fondateur de la pensée, de l'individu et de la société. Dans l'Antiquité, Mnémosyne (Mémoire) n'est-elle pas la mère des neuf Muses, associées aux arts et aux sciences [2] ? Voltaire le remarque : la mémoire agit souvent comme stabilisateur personnel et social dont on ne saurait se passer (p. 67). Nécessaire dans le processus de deuil et de célébration du défunt, comme l'explique Virgile (p. 70), le souvenir fait partie de la dynamique qui nous permet d'aller de l'avant. En témoignent les travaux de Patrick Estrade (p. 75). La propension des écrivains à se souvenir est par ailleurs un indicateur du rôle de la mémoire dans l'acte de création ; et, figurant au nombre des

1. William Shakespeare, *Macbeth*, 1606.
2. Dans la mythologie grecque, les ***Muses*** sont les médiatrices entre le dieu et le poète. À chacune est attribué un art. Calliope est la muse de l'éloquence et de la poésie épique ; Clio celle de l'histoire ; Érato celle de la poésie lyrique et du chant nuptial ; Euterpe celle de la musique ; Melpomène celle de la tragédie ; Polymnie celle de la rhétorique ; Terpsichore celle de la danse ; Thalie celle de la comédie ; Uranie celle de l'astronomie.

phénomènes de résilience[1], dont traite Boris Cyrulnik (p. 78), le souvenir permet de surmonter des événements traumatisants. C'est ce qu'illustrent la vie et l'œuvre de Georges Perec lui-même (p. 80).

■ Voltaire, « Aventure de la Mémoire », *Romans et contes* (1775)

François Marie Arouet, dit Voltaire (1694-1778), philosophe français des Lumières, n'a de cesse de dénoncer l'incompétence de la Sorbonne et des prétendus philosophes qui établissent des systèmes de pensée obscurément bâtis à l'écart des Lumières. Dans son conte « Aventure de la Mémoire », il met en scène les neuf Muses, filles de Mnémosyne (voir encadré, p. 68), qui réagissent à la condamnation des cinq sens et de la mémoire formulée par les universitaires et les penseurs les plus impérieux et les plus aveugles : « Les hommes avaient blasphémé la mémoire ; les Muses leur ôtèrent ce don des dieux. »

[Ne provoquez jamais Mnémosyne !]

Il arriva donc qu'au milieu d'une belle nuit tous les cerveaux s'appesantirent, de façon que le lendemain matin tout le monde se réveilla sans avoir le moindre souvenir du passé. Quelques dicastériques[2], couchés avec leurs femmes, voulurent s'approcher d'elles par un reste d'instinct indépendant de la mémoire. Les femmes, qui n'ont eu que très rarement l'instinct d'embrasser leurs maris, rejetèrent leurs caresses dégoûtantes avec aigreur. Les maris se fâchèrent, les femmes crièrent, et la plupart des ménages en vinrent aux coups.

---

1. ***Résilience*** : force morale, capacité des individus à résister psychiquement aux épreuves de la vie (sens figuré).
2. ***Dicastériques*** : juges. Voltaire critique les juges du Parlement.

Zoom sur

La mémoire chez les Anciens

Dans la pensée gréco-romaine, Mémoire (Mnémosyne) est à l'origine de toutes les activités de l'esprit, incarnées par les neuf Muses, de la poésie à l'architecture, de la musique à l'astronomie. Au centre de la société antique, qui reconnaît son caractère essentiel, elle est à l'origine des procédés mnémotechniques mis en œuvre pour la soutenir et qui, à Rome comme à Athènes, font florès. Si les aèdes grecs, poètes itinérants professionnels, ont bien conscience de l'importance d'être performants quand ils récitent par cœur l'*Iliade* et l'*Odyssée*, l'orateur et avocat romain Cicéron (106-43 av. J.-C.) développe des astuces pour exercer sa mémoire dans le *De oratore* (55 av. J.-C.), conseillant par exemple d'associer chaque partie d'un discours à retenir à une pièce de notre maison. L'introduction sera reliée au vestibule, la partie suivante à la salle suivante, et ainsi de suite. Au sein de chaque partie, chaque argument se trouve articulé à un objet de la pièce concernée. Ainsi, en parcourant mentalement notre maison, on se rappelle les éléments de notre discours.

Messieurs, trouvant un bonnet carré [1], s'en servirent pour certains besoins que ni la mémoire ni le bon sens ne soulagent. Mesdames employèrent les pots de leur toilette aux mêmes usages. Les domestiques, ne se souvenant plus du marché qu'ils avaient fait avec leurs maîtres, entrèrent dans leurs chambres sans savoir où ils étaient ; mais, comme l'homme est né curieux, ils ouvrirent tous les tiroirs ; et comme l'homme aime naturellement l'éclat de l'argent et de l'or, sans avoir pour cela besoin de mémoire, ils prirent tout ce qu'ils en trouvèrent sous la main. Les maîtres voulurent crier au voleur ; mais l'idée de voleur étant sortie de leur cerveau, le mot ne put arriver sur leur langue. Chacun ayant oublié son idiome [2] articulait des sons informes. C'était bien pis qu'à Babel [3], où chacun inventait sur-le-champ une langue nouvelle. Le sentiment inné dans le sens des jeunes valets pour les jolies femmes agit si puissamment que ces insolents se jetèrent étourdiment sur les premières femmes ou filles qu'ils trouvèrent, soit cabaretières, soit présidentes ; et celles-ci, ne se souvenant plus des leçons de pudeur, les laissèrent faire en toute liberté.

Il fallut dîner ; personne ne savait plus comment il fallait s'y prendre. Personne n'avait été au marché ni pour vendre ni pour acheter. Les domestiques avaient pris les habits des maîtres, et les maîtres ceux des domestiques. Tout le monde se regardait avec des yeux hébétés. Ceux qui avaient le plus de génie pour se procurer le nécessaire (et c'étaient les gens du peuple) trouvèrent un peu à vivre : les autres manquèrent de tout. Le premier président, l'archevêque, allaient tout nus, et leurs palefreniers [4]

---

1. Le bonnet carré est porté au Parlement.

2. ***Idiome*** : langue propre à un peuple.

3. Le mythe de la tour de Babel est raconté dans la Bible (Genèse). Les hommes voulaient défier Dieu en édifiant une tour allant jusqu'aux cieux. Dieu en interrompit la construction et dispersa les hommes en leur attribuant des langues différentes les unes des autres afin de les empêcher de se comprendre et, partant, de Le défier une nouvelle fois.

4. ***Palefreniers*** : garçons d'écurie.

étaient les uns en robes rouges, les autres en dalmatiques[1] : tout était confondu, tout allait périr de misère et de faim, faute de s'entendre.

Au bout de quelques jours les Muses eurent pitié de cette pauvre race : elles sont bonnes, quoiqu'elles fassent sentir quelquefois leur colère aux méchants ; elles supplièrent donc leur mère de rendre à ces blasphémateurs la mémoire qu'elle leur avait ôtée. Mnémosyne descendit au séjour des contraires[2], dans lequel on l'avait insultée avec tant de témérité, et leur parla en ces mots : « Imbéciles, je vous pardonne ; mais ressouvenez-vous que sans les sens il n'y a point de mémoire, et que sans la mémoire il n'y a point d'esprit. »

Voltaire, « Aventure de la Mémoire », *Romans et contes*, GF-Flammarion, 1966, p. 692-694.

Compréhension et analyse

1. Comment les Muses et Mnémosyne font-elles comprendre aux humains que la mémoire est nécessaire à l'harmonie de la société ? Appuyez-vous sur le texte et justifiez votre réponse.
2. En quoi ce texte constitue-t-il une satire de la société ? Que remarquez-vous de particulièrement piquant dans la dernière réplique de Mnémosyne ?

■ Virgile, *Énéide* (Ier siècle av. J.-C.)

Dans l'*Énéide*, le poète latin Virgile (70-19 av. J.-C.) rapporte à ses contemporains le voyage d'Énée, seul prince troyen rescapé du massacre de la guerre de Troie, vers la future Rome, pour leur remé-

1. ***Dalmatiques*** : tuniques blanches, portées notamment par les ecclésiastiques.
2. ***Au séjour des contraires*** : on peut comprendre « chez ses opposants » ou encore « chez ceux qui se contredisent ».

morer les hauts faits de cet ancêtre. Dans une veine semblable à celle des épopées homériques, il célèbre les exploits d'Énée qui va s'installer en Italie pour y esquisser la puissance romaine à venir. Dans cet extrait, Énée et ses compagnons, pris par une tempête, débarquent en Sicile, terre où repose Anchise, le père d'Énée, mort un an plus tôt. En son honneur, son fils organise des jeux funèbres, faisant de cette cérémonie rituelle une occasion de se rappeler avec douceur le défunt.

[Au nom du père]

« Dardanides [1] magnanimes, race du noble sang des dieux, l'année a parcouru le cercle de ses mois depuis que nous avons enseveli sous terre les restes et les ossements de mon divin père [2] et que nous lui avons consacré de funèbres autels. Et voici déjà revenu, si je ne me trompe, le jour qui me sera douloureux à jamais et que j'honorerai à jamais (ainsi, dieux, vous l'avez voulu !). Même vivant en exil dans les Syrtes gétules [3], ou surpris sur la mer d'Argos [4] et captif à Mycènes [5], chaque année cependant j'accomplirais mes vœux et les processions rituelles et solennelles, et je chargerais ses autels des dons qui leur sont dus. Maintenant, ce n'est pas sans l'intention, je pense, ni sans la volonté des dieux que nous sommes près des cendres et des ossements de mon père, et que, portés par les flots, nous sommes entrés dans un port ami. Venez donc et rendons-lui tous ensemble de riches honneurs : demandons-lui des vents, et puissé-je, avec son aveu, quand j'aurai fondé ma ville [6], lui renouveler chaque année ces mêmes sacrifices, dans des temples

---

1. ***Dardanides*** : désigne les Troyens, descendants de Dardanos.
2. Anchise.
3. ***Syrtes gétules*** : région d'Afrique du Nord.
4. ***Argos*** : cité du Péloponnèse, région du sud de la Grèce.
5. ***Mycènes*** : cité du roi Agamemnon au nord-est du Péloponnèse.
6. La future Rome.

qui lui seront dédiés. Aceste [1], fils de Troie, vous donne deux têtes de bœufs pour chaque navire ; appelez à ce banquet et les pénates [2] de notre patrie et ceux qu'honore notre hôte Aceste. En outre, si la neuvième aurore montre aux hommes une alme [3] lumière et, de ses rayons, dissipe l'ombre du monde, je proposerai d'abord pour les Teucères [4] une joute de navires ; puis, que les champions de course à pied, que ceux qui, confiants dans leur force, excellent à lancer le javelot et les flèches légères ou ne craignent pas de lutter avec le ceste [5] cru, se présentent tous et aspirent aux récompenses d'une palme méritée ! Gardez tous un religieux silence et ceignez vos tempes de rameaux ! »

Ayant ainsi parlé, il se voile les tempes du myrte [6] maternel. Hélymus [7] fait de même, et le vieil Aceste, et le petit Ascagne [8], qu'imite toute la jeunesse. Du lieu de l'assemblée, avec ses milliers d'hommes, il se rend au tombeau, au milieu d'un immense cortège. Là, suivant le rite des libations [9], il épanche à terre deux coupes d'un pur Bacchus [10], deux autres de lait frais, deux autres de sang sacré ; puis il jette des fleurs vermeilles, en disant : « Salut, mon vénéré père, pour la seconde fois, salut, cendres qui vainement me sont rendues, âme et ombre paternelles ! Il ne m'a pas été permis de chercher avec toi les rivages d'Italie, les champs promis par les destins, et, quel qu'il soit, le Tibre [11] d'Ausonie [12] ! »

1. ***Aceste*** : roi de la cité de Ségeste, en Sicile.
2. ***Pénates*** : divinités protectrices du foyer.
3. ***Alme*** : douce, maternelle.
4. ***Teucères*** : nom donné aux Troyens (du nom de l'ancêtre de la famille royale troyenne, Teucer).
5. ***Ceste*** : gant de combat.
6. ***Myrte*** : plante consacrée à la déesse Aphrodite.
7. ***Hélymus*** : compagnon d'Aceste.
8. ***Ascagne*** : fils d'Énée et de Créüse.
9. ***Libations*** : dans l'Antiquité, rites religieux qui consistent à répandre un liquide (vin, huile, lait, etc.) à l'intention d'une divinité.
10. ***Bacchus*** : nom latin de Dionysos. Désigne ici le vin.
11. ***Tibre*** : voir note 3, p. 48.
12. ***Ausonie*** : nom de l'Italie, fréquent en poésie.

© Craig Lovell/Corbis

■ Jour des morts, 1er novembre 2014, au Mexique (San Miguel de Allende).
La fête des morts anime chaque année le Mexique à l'automne. Toute la population célèbre les défunts, en nettoyant leurs tombes et en leur faisant des offrandes. Il est courant de se déguiser en squelette et nombreuses sont les pâtisseries en forme de têtes de mort. Une célébration festive, loin d'une lugubre évocation des morts.

Il avait dit ces mots, lorsque, des profondeurs du sanctuaire, un serpent luisant qui traînait, immense, sept anneaux, sept replis, embrassa tranquillement la tombe et se glissa parmi les autels. Son dos était marqué de taches bleues, et ses écailles flamboyaient d'un éclat d'or. Tel, dans les nues, l'arc-en-ciel jette mille reflets divers sous les feux directs du soleil. À cette vue, Énée fut frappé de stupeur. Le serpent, en un long déroulement, circula parmi les patères [1] et les coupes brillantes, goûta aux mets sacrés et rentra, inoffensif, au fond du tombeau, abandonnant les autels où s'étaient consumées les offrandes. Énée n'en reprend que de plus belle les honneurs commencés, ne sachant pas s'il vient de voir le génie du lieu ou le serviteur de son père. Il immole, selon l'usage, deux brebis de deux ans, autant de porcs, autant de jeunes taureaux au dos noir ; et il répandait le vin de la patère, et il évoquait l'âme du grand Anchise et ses mânes remontés de l'Achéron [2]. Et ses compagnons, chacun selon ses moyens, apportent avec joie des présents, en chargent les autels et immolent de jeunes taureaux. D'autres disposent en ordre les vases d'airain et, agenouillés dans l'herbe, attisent sous les broches les braises incandescentes et font rôtir les chairs.

Virgile, *Énéide*, trad. Maurice Rat, GF-Flammarion, 2011, p. 111-110.

Compréhension et analyse

1. En quoi ces jeux funéraires permettent-ils de transformer une douleur aiguë en un doux souvenir ?
2. Dans le cadre de l'épopée, pensez-vous que le souvenir soit nécessaire ? Relevez dans le texte des éléments qui le montrent.

---

1. ***Patères*** : coupes à boire, peu profondes.
2. ***Achéron*** : fleuve des Enfers.

■ Propos de Patrick Estrade recueillis par Valérie Colin-Simard, « À quoi servent nos souvenirs » (juillet 2006)

Psychologue français né en 1948, Patrick Estrade développe l'idée d'école de la vie. Particulièrement intéressé par les relations entre les individus, il s'attache aussi au développement personnel. À la lumière de son expérience de psychologue, il rappelle l'importance des souvenirs dans la construction de chacun ; ces derniers révèlent ce que nous sommes. Nos souvenirs nous servent en effet de repères et influent sur le cours de notre existence : ils sont susceptibles de nous ralentir. En outre, ils sont tous présents en nous, plus ou moins consciemment, et émergent quand nous sommes prêts à nous y confronter. Ainsi, retrouver des souvenirs, même négatifs, est un moment décisif, car ceux-ci nous permettent de nous réapproprier notre identité et de donner une dynamique à notre existence.

[La boussole des souvenirs]

Nous sommes si habitués à regarder au loin que nous en oublions ce qui est proche de nous. Les souvenirs, cela semble tellement commun ! Ma pratique de psychothérapeute m'a conduit à les regarder de près et à constater qu'il y avait là une immense richesse peu exploitée. Nos souvenirs nous parlent, mais nous ne les écoutons pas, car nous ne savons pas comment les lire. Nous n'avons pas conscience de leur sens caché, ni de leur pouvoir sur nous. Ils sont notre référence historique. Ils révèlent comment nous abordons la vie, quelles sont nos peurs, les rapports que nous entretenons avec les autres, notre style de vie, nos talents.

Les souvenirs sont notre fondement, le sol sur lequel nous marchons durant toute notre vie. Ils décident de nos choix et influencent notre destinée. C'est peu de dire qu'ils nous gouvernent. Un homme, par exemple, vient me voir, car il est en perte de repères. Il me confie ses souvenirs de nombreux déménagements dans son enfance. En langage populaire, je dirais qu'il ne sait plus où il habite… Nos souvenirs nous permettent de nous orienter dans le monde. Ils nous servent de repères. Ils peuvent également constituer un frein à notre évolution, comme dans le cas de ce garçon que son père avait dénigré et qui, aujourd'hui, n'arrive pas à aller au bout de ses entreprises.

Nous nous rappelons tel ou tel souvenir non pas parce que nous pensons au passé, mais bien parce que nous vivons ces mêmes émotions au présent. Il est donc intéressant d'examiner quel type de souvenirs nous allons chercher, car ils nous renseignent sur ce que nous ressentons ici et maintenant. Ils sont un baromètre de notre état psychologique intérieur. Un sentiment mélancolique réveillera un souvenir mélancolique ; un vécu d'insécurité, un souvenir insécurisant. Par exemple : une femme qui, dans sa vie actuelle, a la sensation de ne jamais avoir le choix, me parle incidemment du centre aéré où sa mère la forçait à aller. Nous avons tous des *leitmotive* comme « On ne me comprend pas » ou « Je ne fais jamais ce que je veux », dont nous trouvons confirmation dans nos souvenirs. […]

Ceux qui disent ne pas avoir de souvenirs se trompent : les souvenirs oubliés ne sont pas des souvenirs perdus, ils sont quelque part en réserve dans notre cerveau. Ils ressemblent aux poissons : certains affleurent à la surface de l'eau et sont bien visibles, d'autres restent dans les profondeurs. Ils n'en sont pas moins là, prêts à remonter un jour ou l'autre. L'inconscient a un ascenseur très efficace. Il laisse seulement remonter les souvenirs dont nous avons besoin aujourd'hui pour évoluer et que nous sommes capables d'affronter. Je le vois chaque jour en thérapie lorsque, par exemple, une personne a manifestement subi un inceste et affirme ne pas s'en souvenir. Mais attention, ne forçons pas la porte des souvenirs. S'ils ne viennent pas, c'est que nous ne sommes pas prêts.

C'est une chose merveilleuse lorsque de nouveaux souvenirs émergent, comme des lettres qui seraient demeurées trop longtemps en poste restante[1]. C'est le signe que, dans notre vie d'aujourd'hui, nous sommes devenus suffisamment mûrs pour être capables de les accueillir, comme dans le cas de cet homme qui conservait des souvenirs très négatifs à propos de son père. Le jour où il a rencontré sa nouvelle compagne, des souvenirs très positifs avec lui ont commencé à émerger. J'ai vu des patients les larmes aux yeux lorsque de nouveaux souvenirs commençaient à leur apparaître, comme au lever du soleil, quand le brouillard se lève et dévoile un nouveau paysage. C'est une vraie réappropriation de soi. [...]

Les souvenirs permettent d'éclairer le moment présent, de se réapproprier son histoire, de la poursuivre, d'étoffer sa personnalité. Aller à la recherche de ses souvenirs, c'est comme mettre en ordre sa maison. On enlève la poussière, on se débarrasse d'objets devenus inutiles et, parfois, on retrouve un objet de valeur perdu. Il y a des énergies cachées dans les souvenirs retrouvés. Il faut juste apprendre à les accueillir et à leur donner du sens.

Propos de Patrick Estrade, recueillis par © Valérie Colin-Simard,
« À quoi servent nos souvenirs »,
www.psychologies.com, juillet 2006.

Compréhension et analyse

1. En quoi les souvenirs sont-ils importants dans la construction de notre identité ?
2. Faut-il s'efforcer de faire ressurgir des souvenirs dont nous n'avons plus conscience ? Pourquoi ?

---

1. En cas d'absence lors du passage du facteur, on va chercher son courrier en ***poste restante*** dans le bureau de poste le plus proche.

■ Boris Cyrulnik, *Un merveilleux malheur* (1999)

Psychiatre et psychanalyste français né en 1937, Boris Cyrulnik théorise dans son essai la notion de *résilience*, c'est-à-dire la capacité qu'ont certaines personnes à triompher des traumatismes qu'ils ont subis par un certain nombre de mécanismes, parmi lesquels l'évaluation et l'intellectualisation. C'est parvenu à l'âge adulte que le souvenir, résultat d'une double socialisation (nous interagissons avec le milieu dans lequel nous évoluons au moment où se produit le fait qui va devenir souvenir, et les émotions dont le souvenir est chargé résultent de nos rapports avec notre entourage lorsque nous convoquons ce passé), pourra être choisi et chargé de sens.

[La résilience, une victoire sur le passé]

Le récit de soi [...], c'est le baume de Narcisse [1], la plénitude de l'individu qui, presque toujours quand il s'épanouit, raconte les souffrances infligées par la société : « Je hais les généraux, les juges, les flics et les curés parce qu'ils valident cet édifice social qui protège hypocritement mon père », écrit Joël Arès devenu universitaire et écrivain après avoir connu une enfance terrible, orphelin de mère et violé par son père. [...]

Tout souvenir intime est une rencontre deux fois socialisée. Lors de la première socialisation, notre mémoire est imprégnée par le milieu écologique [2] qui laisse des traces dans notre cerveau. La seconde socialisation se fait par l'événement qui ne peut devenir un souvenir que s'il est chargé d'émotion par notre entourage. Les enfants isolés n'ont pas de souvenirs, alors que

---

1. ***Narcisse*** est un personnage de la mythologie grecque, imbu de sa beauté et passant son temps à contempler son reflet. Il finit par être métamorphosé en fleur : le narcisse.

2. ***Le milieu écologique*** : le milieu qui nous conditionne, dans notre enfance notamment.

l'isolement laisse des traces dans leur cerveau. Et les adultes à qui on donne des bêtabloquants[1] ou des antidépresseurs n'élaborent pas de souvenirs tant qu'ils prennent ces substances qui empêchent l'émotion.

Ce n'est que lorsque nous sommes devenus adultes que nous pouvons choisir dans notre passé les événements significatifs qui prennent sens, à la lumière de ce que nous sommes devenus et selon la personne à qui nous nous adressons. Tout souvenir est un dialogue entre ce que le milieu a tracé au fond de nous et ce que nous voulons révéler de nous-mêmes aux autres. Un récit est une représentation de mots qui raconte un enchaînement d'événements significatifs. Dire son histoire crée un sentiment de soi cohérent. C'est une réconciliation entre les deux parties du moi divisé. Le Moi socialement accepté tolère enfin le moi secret non racontable. Le sujet parle enfin de lui et s'exprime dans sa totalité, comme s'il disait : « Le coup que j'ai reçu a provoqué le recroquevillement d'une partie douloureuse de ma personnalité. Je ne pouvais exprimer que la partie saine, celle que les autres acceptaient d'entendre sans malaise. Aujourd'hui, je me suis rendu riche artisan, écrivain ou avocat. Cette réparation socialement acceptée me donne assez de distance et de souveraineté pour enfin exprimer ma personnalité. Dès l'instant où je redeviens entier, en disant simplement ce qui m'est arrivé, je me pose moi-même face à l'autre. J'entre en relation totale. Je ne suis plus divisé en une partie claire et une autre fantomatique. » La mémoire de soi, deux fois socialisée, alimente notre récit qui est lui-même une rencontre, une négociation entre le parleur et celui qui l'écoute.

L'historisation est un processus qui soigne et qui est nécessaire à la construction de toute identité individuelle ou collective. Je sais qui je suis, comment je réagis, ce que j'aime et ce dont je suis capable, en faisant le récit de mon histoire intime.

1. ***Bêtabloquants*** : médicaments utilisés en cardiologie.

Nous savons qui nous sommes, ce qui caractérise notre groupe ou notre nation, en faisant le récit des hommes que nous admirons, en racontant nos merveilleuses victoires et nos douloureuses revanches.

Boris Cyrulnik, *Un merveilleux malheur*,

Compréhension et analyse

1. Comment est-il possible de réconcilier le « Moi socialement accepté » et le « Moi secret non racontable » ?
2. Expliquez en quoi raconter son histoire est un moyen d'avoir une image d'un soi cohérent.

■ Georges Perec, *W ou le Souvenir d'enfance* (1975)

Écrivain français (1936-1982), Georges Perec fut membre de l'Ouvroir de littérature potentielle (OuLiPo), groupe littéraire qui s'attache à explorer et à exploiter la langue des manières les plus diverses et les plus surprenantes. Dans *W ou le Souvenir d'enfance*, Perec propose un bon exemple du travail de la mémoire mis en récit et permettant la résilience (exposée par Boris Cyrulnik). On y lit le clivage entre l'expérience des camps vécue par Perec, qui a donné lieu à un oubli de toute cette période (donc un déni) et le récit inventé (l'île de W) constitué de réminiscences du trauma qu'est la déportation (transfigurées par le biais de l'intellectualisation). En réconciliant les deux identités de l'auteur, le récit autobiographique permet de mettre fin à ce clivage, de guérir et de se reconstruire.

[L'imagination contre la barbarie]

Je n'ai pas de souvenirs d'enfance. Jusqu'à ma douzième année à peu près, mon histoire tient en quelques lignes : j'ai perdu mon père à quatre ans, ma mère à six ; j'ai passé la guerre dans diverses pensions de Villard-de-Lans [1]. En 1945, la sœur de mon père et son mari m'adoptèrent.

Cette absence d'histoire m'a longtemps rassuré : sa sécheresse objective, son évidence apparente, son innocence, me protégeaient, mais de quoi me protégeaient-elles, sinon précisément de mon histoire, de mon histoire vécue, de mon histoire réelle, de mon histoire à moi qui, on peut le supposer, n'était ni sèche, ni objective, ni apparemment évidente, ni évidemment innocente ?

« Je n'ai pas de souvenirs d'enfance » : je posais cette affirmation avec assurance, avec presque une sorte de défi. L'on n'avait pas à m'interroger sur cette question. Elle n'était pas inscrite à mon programme.

J'en étais dispensé : une autre histoire, la Grande, l'Histoire avec sa grande hache, avait déjà répondu à ma place : la guerre, les camps. À treize ans, j'inventai, racontai et dessinai une histoire. Plus tard, je l'oubliai. Il y a sept ans, un soir, à Venise, je me souvins tout à coup que cette histoire s'appelait « W » et qu'elle était, d'une certaine façon, sinon l'histoire, du moins une histoire de mon enfance.

En dehors du titre brusquement restitué, je n'avais pratiquement aucun souvenir de W. Tout ce que j'en savais tient en moins de deux lignes : la vie d'une société exclusivement *préoccupée de sport, sur un îlot de la Terre de Feu.*

Une fois de plus, les pièges de l'écriture se mirent en place. Une fois de plus, je fus comme un enfant qui joue à cache-cache et qui ne sait pas ce qu'il craint ou désire le plus : rester caché, être découvert.

Je retrouvai plus tard quelques-uns des dessins que j'avais faits vers treize ans. Grâce à eux, je réinventai W et l'écrivis, le

1. ***Villard-de-Lans*** : commune du Vercors.

publiant au fur et à mesure, en feuilleton, dans *La Quinzaine littéraire* [1], entre septembre 1969 et août 1970.

Aujourd'hui, quatre ans plus tard, j'entreprends de mettre un terme – je veux tout autant dire par là « tracer les limites » que « donner un nom » – à ce lent déchiffrement.

W ne ressemble pas plus à mon fantasme olympique que ce fantasme olympique ne ressemblait à mon enfance.

Mais dans le réseau qu'ils tissent comme dans la lecture que j'en fais, je sais que se trouve inscrit et décrit le chemin que j'ai parcouru, le cheminement de mon histoire et l'histoire de mon cheminement.

Georges Perec, *W ou le Souvenir d'enfance*,
© Denoël, 1975, rééd. coll. « L'imaginaire », 1993, p. 17-18.

Compréhension et analyse

1. En quoi l'absence initiale de souvenir d'enfance est-elle un signe de traumatisme ? Citez le texte.
2. Comment le récit inventé par Perec lui ouvre-t-il l'accès à la résilience ? Argumentez votre réponse.

2. Un nécessaire oubli

« J'ai une mémoire admirable, j'oublie tout [2]. »

Si les artistes, les penseurs et les scientifiques s'accordent à démontrer l'importance du souvenir, ils ont aussi à cœur de défendre la nécessité de l'oubli. En effet, complémentaire du souvenir, ce

1. ***La Quinzaine littéraire*** : journal bimensuel fondé en 1966.
2. Alphonse Allais, *Aphorismes*, 1902.

dernier s'impose comme une force salvatrice et souhaitable dans nombre de situations : pour éviter la mélancolie, le spleen baudelairien (p. 85), voire le désespoir, tel celui qui frappe le personnage de Jorge Luis Borges ne supportant plus son hypermnésie [1] (ci-dessous). Ainsi, selon Nietzsche, l'oubli est nécessaire à l'homme pour être heureux (p. 87) ; et pour Jules Supervielle, il est source de réconfort (p 90). Autant de vertus soulignées par le psychiatre et psychanalyste Simon-Daniel Kipman, notamment lors d'événements douloureux comme le deuil (p. 93). Tel Virgile mentionnant les jeux funèbres organisés par Énée en l'honneur de son père (p. 70), Homère décrit les jeux qui célèbrent la mémoire du défunt Patrocle dans l'*Iliade* : ces manifestations font partie d'un processus qui, tout en convoquant le souvenir du disparu, permet d'oublier peu à peu la douleur vive causée par la perte.

■ Jorge Luis Borges, « Funes ou la mémoire », *Fictions* (1944)

Écrivain argentin, Borges (1899-1986) a publié de nombreux essais et nouvelles. Dans « Funes ou la mémoire », il décrit un personnage, Irénée Funes, qui se souvient de tout, dans les moindres détails. Ne supportant plus cette quantité infinie de souvenirs, qu'il compare à un tas d'ordures, il décidera de s'enfermer dans une pièce vide, espérant échapper ainsi à sa maladie et à son insupportable situation.

1. ***Hypermnésie*** : psychopathologie caractérisant celui qui possède une mémoire autobiographique très détaillée et qui passe un temps excessif à se remémorer son passé.

[Quand trop, c'est trop]

D'un coup d'œil, nous [1] percevons trois verres sur une table : Funes, lui, percevait tous les rejets [2], les grappes et les fruits qui composent une treille [3]. Il connaissait les formes des nuages austraux de l'aube du trente avril mil huit cent quatre-vingt-deux et pouvait les comparer au souvenir des marbrures d'un livre en papier espagnol qu'il n'avait regardé qu'une fois et aux lignes de l'écume soulevée par une rame sur le Rio Negro [4] la veille du combat du Quebracho [5]. Ces souvenirs n'étaient pas simples ; chaque image visuelle était liée à des sensations musculaires, thermiques, etc. Il pouvait reconstituer tous les rêves, tous les demi-rêves. Deux ou trois fois il avait reconstitué un jour entier ; il n'avait jamais hésité, mais chaque reconstitution avait demandé un jour entier. Il me dit : « J'ai à moi seul plus de souvenirs que n'en peuvent avoir eu tous les hommes depuis que le monde est monde » et aussi : « Mes rêves sont comme votre veille. » Et aussi, vers l'aube : « Ma mémoire, monsieur, est comme un tas d'ordures. » Une circonférence sur un tableau, un triangle rectangle, un losange, sont des formes que nous pouvons percevoir pleinement ; de même Irénée percevait les crins embroussaillés d'un poulain, quelques têtes de bétail sur un coteau, le feu changeant et la cendre innombrable, les multiples visages d'un mort au cours d'une longue veillée. Je ne sais combien d'étoiles il voyait dans le ciel. […]

Il avait appris sans effort l'anglais, le français, le portugais, le latin. Je soupçonne cependant qu'il n'était pas très capable

1. ***Nous*** : le pronom personnel désigne ici les hommes ordinaires.
2. ***Rejets*** : jeunes pousses qui apparaissent à la suite d'un recépage, c'est-à-dire quand on a taillé la vigne au pied pour éliminer les sarments et ne conserver que le cep.
3. ***Treille*** : pied de vigne qui s'élève contre un mur.
4. ***Rio Negro*** : affluent de l'Amazone en Amérique du Sud.
5. ***Combat du Quebracho*** : allusion à la révolution en Uruguay contre le président Vidal, en 1886.

de penser. Penser c'est oublier des différences, c'est généraliser, abstraire. Dans le monde surchargé de Funes il n'y avait que des détails, presque immédiats.

La clarté craintive de l'aube entra par le patio de terre.

Je vis alors le visage de la voix qui avait parlé toute la nuit. Irénée avait dix-neuf ans ; il était né en 1868 ; il me parut monumental comme le bronze, plus ancien que l'Égypte, antérieur aux prophéties et aux pyramides. Je pensai que chacun de mes mots (que chacune de mes attitudes) demeurerait dans son implacable mémoire ; je fus engourdi par la crainte de multiplier des gestes inutiles.

Irénée Funes mourut en 1889, d'une congestion pulmonaire.

Jorge Luis Borges, « Funes ou la mémoire », *Fictions*, trad. P. Verdevoye, © Gallimard, coll. « Folio », 2006, p. 114-115 et 118.

Compréhension et analyse

1. Les souvenirs de Funes sont-ils simples ou complexes ? Décrivez-les en vous appuyant sur le texte.
2. En quoi l'hypermnésie empêche-t-elle de penser, d'après Borges ?

■ Charles Baudelaire, *Les Fleurs du mal* (1857)

Charles Baudelaire (1821-1867) est un poète français. Son recueil intitulé *Les Fleurs du mal* fit scandale lors de sa publication. Le *spleen* y désigne un sentiment de mélancolie, dû à de l'angoisse, une impression d'isolement et une tristesse diffuse. L'accumulation de souvenirs très nombreux et la conscience d'un passé résolument révolu ne font que renforcer cet état.

[Le spleen du souvenir]

LXXVI. – SPLEEN

J'ai plus de souvenirs que si j'avais mille ans.

Un gros meuble à tiroirs encombré de bilans,
De vers, de billets doux, de procès, de romances,
Avec de lourds cheveux roulés dans des quittances [1],
Cache moins de secrets que mon triste cerveau.
C'est une pyramide, un immense caveau,
Qui contient plus de morts que la fosse commune.
– Je suis un cimetière abhorré [2] de la lune,
Où comme des remords se traînent de longs vers
Qui s'acharnent toujours sur mes morts les plus chers.
Je suis un vieux boudoir plein de roses fanées,
Où gît tout un fouillis de modes surannées,
Où les pastels plaintifs et les pâles Boucher [3],
Seuls, respirent l'odeur d'un flacon débouché.

Rien n'égale en longueur les boiteuses journées,
Quand sous les lourds flocons des neigeuses années
L'ennui, fruit de la morne incuriosité,
Prend les proportions de l'immortalité.
– Désormais tu n'es plus, ô matière vivante !
Qu'un granit entouré d'une vague épouvante,
Assoupi dans le fond d'un Sahara brumeux ;
Un vieux sphinx ignoré du monde insoucieux,

1. ***Quittances*** : attestations écrites reconnaissant le paiement de sommes dues (Littré).
2. ***Abhorré*** : détesté.
3. François Boucher (1703-1770) est un peintre français, célèbre notamment pour ses peintures représentant des Amours et des scènes mythologiques.

Oublié sur la carte, et dont l'humeur farouche
Ne chante qu'aux rayons du soleil qui se couche.

Charles Baudelaire, *Les Fleurs du mal*, Flammarion, coll. « Étonnants Classiques », 2008, p. 149-150.

Compréhension et analyse

1. Quel(s) champ(s) lexical(-aux) émaille(nt) le texte de Baudelaire ? Citez les termes qui en relèvent.
2. Comment l'abondance de souvenirs est-elle liée au *spleen* ? Argumentez votre réponse.

■ Friedrich Nietzsche, *La Généalogie de la morale*, 2e dissertation (1887)

Dans *La Généalogie de la morale* (œuvre composée de trois dissertations), le philosophe allemand Friedrich Nietzsche (1844-1900), expliquant la nécessité d'adopter des valeurs morales plus saines que celles dont nous avons fini par nous contenter, s'en prend à ceux qui, par facilité, condamnent systématiquement l'oubli. Il voit dans ce dernier une faculté indispensable à l'esprit humain, qui lui permet d'être libre, heureux et d'anticiper ses actions.

[Vive l'oubli !]

L'oubli n'est pas seulement une *vis inertiæ* [1], comme le croient les esprits superficiels ; c'est bien plutôt un pouvoir actif, une faculté d'enrayement dans le vrai sens du mot, faculté à quoi il faut attribuer le fait que tout ce qui nous arrive dans la vie,

1. ***Vis inertiæ*** : force d'inertie.

Zoom sur

Les maladies liées à la mémoire

Les troubles de la mémoire sont souvent liés à des dysfonctionnements neurologiques. Il faut différencier les troubles de la mémoire qui apparaissent progressivement de ceux qui se manifestent brutalement à la suite d'une commotion cérébrale.

Certaines maladies, comme la maladie d'Alzheimer, sont en effet caractérisées par la perte progressive de la mémoire et de l'aptitude à penser, dues à la destruction irréversible des cellules.

Parmi les « maladies de la mémoire », on peut aussi citer l'agnosie (incapacité d'identifier certains objets ou certaines sensations) et l'amnésie (perte de mémoire), qui peut être partielle ou totale, temporaire ou définitive (à l'amnésie antérograde correspondent des difficultés de mémorisation ; à l'amnésie rétrograde correspond une mémoire réduite au vécu personnel, dont le reste est évacué).

Une branche spécifique du droit est en plein essor, qui a pour but la reconnaissance et l'indemnisation du dommage corporel, dont les troubles mémoriels résultant des chocs frontaux. Les spécialistes de ce domaine s'appuient sur les recherches scientifiques les plus récentes pour évaluer le préjudice subi par la victime. C'est là l'indice de l'importance accordée aux capacités mémorielles de l'individu.

tout ce que nous absorbons se présente tout aussi peu à notre conscience pendant l'état de « digestion » (on pourrait l'appeler une absorption psychique) que le processus multiple qui se passe dans notre corps pendant que nous « assimilons » notre nourriture. Fermer de temps en temps les portes et les fenêtres de la conscience ; demeurer insensibles au bruit et à la lutte que le monde souterrain des organes à notre service livre pour s'entraider ou s'entre-détruire ; faire silence, un peu, faire table rase dans notre conscience pour qu'il y ait de nouveau de la place pour les choses nouvelles, et en particulier pour les fonctions et les fonctionnaires plus nobles, pour gouverner, pour prévoir, pour pressentir (car notre organisme est une véritable oligarchie[1]) – voilà, je le répète, le rôle de la faculté active d'oubli, une sorte de gardienne, de surveillante chargée de maintenir l'ordre psychique, la tranquillité, l'étiquette. On en conclura immédiatement que nul bonheur, nulle sérénité, nulle espérance, nulle fierté, nulle jouissance de l'*instant présent* ne pourraient exister sans faculté d'oubli. L'homme chez qui cet appareil d'amortissement est endommagé et ne peut plus fonctionner est semblable à un dyspeptique[2] (et non seulement semblable) – il n'arrive plus à « en finir » de rien… Eh bien ! cet animal nécessairement oublieux, pour qui l'oubli est une force et la manifestation d'une santé *robuste* s'est créé une faculté contraire, la mémoire, par quoi, dans certains cas, il tiendra l'oubli en échec, – à savoir dans les cas où il s'agit de promettre : il ne s'agit donc nullement de l'impossibilité purement passive de se soustraire à l'impression une fois reçue, ou du malaise que cause une parole une fois engagée et dont on n'arrive pas à se débarrasser, mais bien de la volonté *active* de garder une impression, d'une continuité dans le vouloir, d'une véritable *mémoire*

---

1. *Oligarchie* : système politique dans lequel le pouvoir appartient à un petit nombre d'individus ou de familles, à une classe sociale restreinte et privilégiée.
2. *Dyspeptique* : personne qui a des problèmes digestifs.

de la volonté : de sorte que, entre le primitif « je ferai » et la décharge de volonté proprement dite, l'accomplissement de l'*acte*, tout un monde de choses nouvelles et étrangères, de circonstances et même d'actes de volonté, peut se placer sans inconvénient et sans qu'on doive craindre de voir céder sous l'effort cette longue chaîne de volonté. Mais combien tout cela fait supposer de choses ! Combien l'homme, pour pouvoir ainsi disposer de l'avenir, a dû apprendre à séparer le nécessaire de l'accidentel, à pénétrer la causalité, à anticiper et à prévoir ce que cache le lointain, à savoir disposer ses calculs avec certitude, de façon à discerner le but du moyen, – et jusqu'à quel point l'homme lui-même a dû commencer par devenir *appréciable*, *régulier*, *nécessaire*, pour les autres comme pour lui-même et ses propres représentations, pour pouvoir enfin répondre de sa personne *en tant* qu'*avenir*, ainsi que le fait celui qui se lie par une promesse !

Friedrich Nietzsche, *La Généalogie de la morale*, 2e dissertation, trad. Henri Albert, Mercure de France, 1964, p. 75-77.

Compréhension et analyse

1. Expliquez le parallèle entre digestion physique et digestion psychique. Quelle conclusion Nietzsche en tire-t-il ?
2. En quoi l'oubli est-il nécessaire à l'homme, d'après le texte ? Justifiez votre réponse.

■ Jules Supervielle, *Oublieuse mémoire* (1949)

Écrivain franco-urugayen (1884-1960), Jules Supervielle, dans *Oublieuse mémoire*, évoque la difficulté qu'il a à retrouver certains souvenirs. Si l'oubli possède une face sombre, liée au temps qui passe et à la mort qui nous menace, il a aussi une dimension plus positive : allant de pair avec le silence, il est réconfortant.

L'évocation poétique de ces notions laisse voir le pouvoir troublant qu'elles exercent sur l'homme, entre malaise et agrément.

[L'ambivalence de l'oubli]

L'oubli me pousse et me contourne
Avec ses pattes de velours,
Il est poussé par le silence
Et l'un de l'autre ils font le tour,
Doucereux [1] étouffeurs d'amour.
On sait toujours à quoi ils pensent
Et c'est aux dépens de nos jours,
Eux qui confondent leurs contours
Et l'un l'autre se recommencent
Pour mieux effilocher nos jours
Jusqu'à l'ultime transparence,
Tout en faisant le cœur plus lourd
Pour presque empêcher son avance.
Voilà, voilà qu'ils l'ont glacé !
C'est leur façon de terrasser.
Oh ! que je tâte cette pierre
Qu'éclaire l'étoile polaire !

*
* *

Ami silence de minuit,
Écoutons ensemble les bruits
D'une vie près d'être écoulée,
Pourchassons-les jusqu'aux roseaux
Où les bruits étouffent dans l'eau
Une eau par soi-même comblée

---

1. ***Doucereux*** : d'une douceur hypocrite.

(Elle ne sait rien du ruisseau
Qui se cherchait dans la vallée)
Ami silence de minuit,
Ô toi qui jamais ne m'as nui,
Lune d'un soleil d'indolence[1],
Mais qui met la main sur l'immense,
Quand les roses du jour sont mortes
Et deviennent roses de nuit
À l'obscurité calculée
Pour nos plus secrètes allées,
Ami silence de minuit,
Toi dont le cauteleux[2] velours
Nous enveloppe de toujours
Tu laisses tomber tes pétales
De ton bâillement de crotale[3]
Qui pourrait mordre s'il voulait
Mais préfère nous consoler
Quand sur nos têtes il balance
Les sphères de la délivrance.

Jules Supervielle, *Oublieuse mémoire*,
© Gallimard, 1949, p. 23-25.

Compréhension et analyse

1. Expliquez à quoi correspond la présence de deux grandes unités séparées par des astérisques.
2. En quoi l'oubli a-t-il une place ambiguë dans ce poème ? Développez votre réponse en vous appuyant sur le texte.

1. ***D'indolence*** : qui ne provoque pas de douleur.
2. ***Cauteleux*** : qui n'est pas franc.
3. ***Crotale*** : serpent à sonnettes.

■ Simon-Daniel Kipman, *L'Oubli et ses vertus* (2013)

Simon-Daniel Kipman est psychiatre et psychanalyste. Il souligne l'importance de l'oubli dans le mécanisme du deuil qui se fonde sur une mémoire sélective.

Le deuil n'est pas la mort

Il y a plusieurs catégories de deuil – normal ou pathologique, deuil retardé, deuil maniaque, deuil silencieux –, mais sur le plan de la compréhension ou de l'attitude soignante, le plus intéressant me paraît être le *deuil anticipé*.

Quand une personne est en fin de vie, que sa maladie le soustrait plus ou moins complètement aux relations sociales ; quand le spectacle de son agonie est trop dérangeant ou trop douloureux pour les proches, ceux-ci peuvent s'éloigner, abandonner le mourant, le considérer comme déjà mort. On estime que ces deuils anticipés sont des deuils difficiles, sinon pathologiques. La réflexion sur l'oubli nous permet de mieux en comprendre le mécanisme à plusieurs niveaux : tout deuil est oubli, partiel, car tout deuil mobilise des mécanismes intrapsychiques destinés à calmer la peine, la sensation de perte de quelqu'un d'essentiel. Les souvenirs des endeuillés embellissent souvent le mort ; ils oublient donc ses aspects les moins gratifiants. Mais le deuil anticipé, qui, d'une certaine manière, force l'oubli, en fait dissocie ce qui fait l'inscription, le souvenir. L'émotion de la mort est déliée du fait de la mort. Le mécanisme de mémorisation soit ne se fait pas, soit ne laisse que des souvenirs sans affects, donc dépourvus de sens.

Le deuil est un long enterrement. Qu'en reste-t-il dans le souvenir ? On peut se le demander devant l'énorme investissement dans des tombes en pierre, des mausolées, des monuments aux morts. Pourquoi, si on n'avait pas si peur d'oublier, pourquoi avons-nous tant besoin de commémoration ? Le deuil a en commun avec l'image que l'on se fait de l'oubli qu'on le considère comme une perte définitive. Or le deuil est long, et même interminable ; quand bien même il évolue en phases, il ne se termine jamais. Comme l'oubli qui n'existe que parce qu'il est porté par un sentiment, une sensation d'avoir perdu quelque chose. Le travail de deuil, cependant, se fait souvent plus lentement qu'un travail d'oubli, plus rapide et plus complet.

Simon-Daniel Kipman, *L'Oubli et ses vertus*,
© Albin Michel, 2013, p. 152-153.

Compréhension et analyse

1. Expliquez le rôle de l'oubli dans le deuil, et notamment dans le deuil anticipé.
2. En quoi est-il étonnant de voir des investissements si importants dans les monuments funéraires ? Justifiez votre réponse.

3. Nouveaux enjeux de la mémoire à l'heure du numérique

« Mes plus beaux souvenirs,
ce sont ceux du futur [1]. »

Les bouleversements technologiques et sociaux qui touchent notre société modifient les rapports de la mémoire et de l'oubli à la construction de soi. Ainsi, alors qu'il y a encore peu de temps la

1. Salvador Dalí.

transmission de la mémoire au sein d'une famille était assurée par ses membres, on fait désormais appel à des sociétés de service, qui proposent des méthodes de conservation novatrices pour ce type de patrimoine. Comme dans le roman *Mémoires de nos pères* de Sorj Chalandon, des biographes retracent la vie d'un grand-père, des entreprises regroupent les archives mémorielles – personnelles ou collectives – sur un même support : DivX, DVD, livre numérique ou *cloud* [1]. De manière plus individuelle et plus systématique, dans notre monde connecté et dématérialisé, ce sont les supports eux-mêmes du souvenir qui évoluent : on ne colle plus ses photographies sur un album mais on les publie sur son « mur », on ne les développe plus – ou presque – mais on les garde sur son téléphone ou sur sa tablette pour les consulter quand on veut. Les capacités de stockage de cette nouvelle mémoire numérique semblent illimitées, aussi bien en termes d'espace que de temps : le souvenir numérique ne s'efface pas. Comme l'explique le journaliste Rémi Sussan, l'homme a toujours cherché à augmenter sa mémoire et les nouvelles technologies lui permettent quasiment d'assouvir ce fantasme (p. 96). Partant, le monde futuriste inventé par Philip K. Dick, où l'on pourrait supprimer ou implanter à loisir des souvenirs dans le cerveau humain, ne semble pas si éloigné de nous (p. 99). Dès lors, comment concilier hypermnésie [2] de ce monde numérique et oubli, que l'on sait essentiel ? Car si le monde en réseau permet de garder *ad vitam æternam* [3] toute notre histoire (p. 102) en luttant contre la perte du souvenir, entre autres grâce aux blogs (p. 104), il pose aussi la question du droit à l'oubli sur le Net (p. 107) : peut-on encore aujourd'hui effacer ses traces pour se construire sereinement ?

1. ***Cloud*** : ce mot, qui signifie « nuage » en anglais, désigne un espace de stockage virtuel.
2. ***Hypermnésie*** : voir note 1, p. 83.
3. ***Ad vitam æternam*** : locution latine qui signifie « pour l'éternité », « à jamais ».

■ Rémi Sussan, « Et demain ? Vers une mémoire augmentée ? » (novembre 2014)

Dans son article, le journaliste spécialisé dans les nouvelles technologies Rémi Sussan s'intéresse au désir que l'homme a d'augmenter ses capacités mémorielles grâce aux nouvelles technologies. Il explique comment celles-ci peuvent capturer, conserver mais aussi classer, archiver et analyser presque l'intégralité d'une vie, quitte à pouvoir un jour la recréer.

[Vers une supermémoire]

Comment et jusqu'où peut-on augmenter sa mémoire ? Dans l'Antiquité et à la Renaissance, le fameux « art de la mémoire », dans lequel on projetait sur un lieu imaginaire des symboles de ce que l'on souhaitait mémoriser, a connu un grand succès. Plus récemment, avec l'avènement des théories scientifiques, on s'est intéressé aux jeux vidéo, à des produits chimiques divers, des *smart drugs* [1], et même il y a peu à des technologies plus expérimentales, comme la stimulation magnétique transcrânienne… Mais pour ceux qui sont soucieux de dépasser complètement les limites de la condition humaine, le meilleur moyen de conserver nos souvenirs, d'obtenir une supermémoire, c'est de confier cette dernière aux machines. […]

Il existe déjà un mouvement, nommé le « *lifelogging* », qui consiste à mettre au point les technologies assurant la capture complète de notre vécu ou, pour employer l'expression que son principal promoteur, l'ingénieur de Microsoft, Gordon Bell, a empruntée à Paul Verhoeven [2], favoriser le « *total recall* ».

1. ***Smart drugs*** : médicaments divers permettant d'augmenter les performances intellectuelles.

2. ***Paul Verhoeven*** est un cinéaste néerlandais né en 1938 qui a adapté pour le cinéma la nouvelle de Philip K. Dick, « Souvenirs à vendre », sous le titre *Total Recall* en 1990.

Aujourd'hui, les disques durs et la mémoire de masse sont devenus si puissants et si peu onéreux que, dans un futur assez proche, on pourrait imaginer de capturer l'intégralité de notre expérience, de notre naissance à notre mort. Selon G. Bell, il devrait être possible d'acheter vers 2020 des disques durs de 250 terabytes pour une centaine de dollars, ce qui permettrait aisément d'archiver la totalité d'une existence. Mais posséder des gros disques durs ne suffit pas. Comment enregistrer l'énorme masse de données qui constitue une existence ? Évidemment, pour ce faire il faudrait être muni de capteurs : en premier lieu d'une caméra portable, toujours en fonction, et susceptible de capter tout ce que nous voyons et entendons. La camera GoPro, que l'on peut porter sur soi, pourrait en être considérée comme le prototype, mais la durée de sa batterie en rend l'usage limité pour le *lifelogging*. [...]

Dans le futur, on peut imaginer coupler le flux de données audio et vidéo avec des enregistrements de capteurs physiologiques qui repéreraient nos rythmes cérébraux, le taux de résistance électrique de la peau, nos battements cardiaques..., pour associer nos états internes avec les *stimuli* du monde extérieur enregistrés par la vidéo. Il existe déjà de nombreux capteurs de ce genre dans le commerce, et sur ce point le *lifelogging* rejoint un autre mouvement *geek*, le *Quantified Self*, qui cherche à mesurer l'ensemble de nos activités et paramètres physiologiques, plus à des fins de *fitness* que pour multiplier nos capacités mémorielles.

Enfin, on aura peut-être de moins en moins besoin de capteurs. Une grande partie de notre histoire personnelle est conservée sur le *cloud* : c'est toute notre vie en ligne, nos *mails*, nos navigations sur Internet… Et cela ne va aller qu'en augmentant ! Plus nos vies seront virtuelles et plus le *total recall* deviendra facile… [...]

Mais enregistrer, archiver, ne suffit pas. Encore faut-il classer, retrouver. Peut-être est-ce là le plus gros défi posé aux chercheurs en mémoire cybernétique : car il s'agira de créer des espèces de moteurs de recherche, capables de fouiller aussi bien les textes que les sons ou les images, et susceptibles de repérer les données, de les indexer, et de les mettre en relation les unes avec les autres : ce qui suppose une intelligence artificielle, un domaine dans lequel on avance bien plus lentement que dans la création de supports de mémoire ou de capteurs.

Pour des *aficionados* [1] comme G. Bell, posséder une telle « mémoire augmentée » aurait un impact révolutionnaire : cela nous permettrait d'apprécier objectivement notre comportement ; on pourrait évaluer par exemple combien de temps nous nous tenons assis, avec qui nous passons le plus clair de notre temps... Une recherche conduite avec la SenseCam [2] montre ainsi que les sujets mangeaient entre 10 % et 17 % de calories de plus qu'ils le croyaient. Plus curieux encore : dans une autre étude, on a séparé des sujets en deux groupes, les uns tenant un journal et les autres disposant d'une *SenseCam*. Non seulement les possesseurs de l'appareil se rappelaient plus aisément les événements récents que ceux ayant tenu un journal, mais en plus ils réussissaient mieux les tests de mémoire sans rapport avec l'expérience en cours ! En bref, il semblerait que le *lifelogging* ait amélioré leur mémoire « naturelle ».

Jusqu'où peut aller le *total recall* ? Jusqu'à l'immortalité ? C'est le fantasme de ses adeptes. Il suffirait de créer une intelligence artificielle dans laquelle on stockerait tous nos souvenirs, et dont les traits de personnalité seraient modelés sur notre caractère. Car, selon cette théorie, l'identité ne serait autre chose qu'un ensemble de souvenirs associé à une matrice de personnalité.

Rémi Sussan, « Et demain ? Vers une mémoire augmentée ? »,
© *Sciences humaines*, n° 264, novembre 2014.

---

1. ***Aficionados*** : les passionnés.
2. ***SenseCam*** : appareil photo commercialisé un temps par Microsoft, capable de prendre automatiquement une quinzaine de photos par seconde.

Compréhension et analyse

1. Comment les technologies réussissent-elles à augmenter les capacités mémorielles ?
2. Quel serait l'intérêt de cette « mémoire augmentée » pour l'homme ?

■ Philip K. Dick, *Souvenirs à vendre* (1956)

Auteur américain de romans, de nouvelles et d'essais qui s'est consacré à la science-fiction, Philip K. Dick (1928-1982) interroge le souvenir dans plusieurs de ses récits brefs peignant des futurs dystopiques[1] : « Rapport minoritaire », « Souvenir[2] » et « Souvenirs à vendre » (porté deux fois à l'écran sous le titre *Total Recall*). La nouvelle imagine un monde où l'on peut effacer certains souvenirs, en acheter d'autres et se les faire implanter afin de pallier un manque éventuel dans sa vie. Mais changer les souvenirs de quelqu'un ne peut être sans conséquences... Dans l'extrait suivant situé en début de nouvelle, le héros, Quail, renonçant à son rêve d'aller un jour sur Mars, fait appel à l'entreprise « MémoiRe » qui lui promet des souvenirs plus vrais que nature de son séjour sur la planète rouge comme agent secret, alors qu'il n'y a jamais mis les pieds. Le tout se trouvera accrédité par des traces matérielles mises en sa possession.

[De vrais souvenirs]

« Vous recevez des preuves tangibles de votre voyage, protesta énergiquement McClane[3]. Toutes les pièces à conviction

1. ***Dystopiques*** : relatifs à une société imaginaire, souvent dictatoriale et cauchemardesque, dont les défauts sont dénoncés.
2. Cette nouvelle est donnée dans son intégralité dans le recueil *Histoires de ceux qui oublient... ou pas*, proposé en complément de cette anthologie dans la collection « Étonnants Classiques » (voir aussi page 2 de couverture de ce volume).
3. Employé de la société MémoiRe qui reçoit le héros.

qu'il vous faudra. Tenez, je vais vous faire voir. » Il fouilla dans un tiroir de son impressionnant bureau. « Le talon du billet. » Il ouvrit une chemise en papier bulle et en sortit un petit carré de carton gravé en relief. « Ceci prouve que vous y êtes allé – et que vous en êtes revenu. Des cartes postales. » Il étala méticuleusement sur son bureau quatre cartes affranchies, en couleurs et en trois dimensions. « Un film ; des vues de sites touristiques locaux que vous aurez prises avec une caméra louée sur place. » Il les lui montra à leur tour. « Plus le nom des gens que vous aurez rencontrés, des souvenirs pour une valeur de deux cents poscreds, qui arriveront de Mars dans le courant du mois suivant. Et le passeport, des certificats de vaccination, etc. » Relevant la tête, il jeta à Quail un regard pénétrant. « Vous serez convaincu d'y être allé, ne vous en faites pas. Vous ne vous souviendrez ni de nous, ni de cette entrevue, ni de votre passage ici. Dans votre mémoire, ce sera un *vrai* voyage ; nous vous le garantissons. Quinze jours de souvenirs, remémorés dans le moindre détail. N'oubliez jamais ceci : si un jour vous doutiez d'avoir réellement effectué un séjour prolongé sur Mars, revenez et vous serez intégralement remboursé. Vous voyez !

– Seulement voilà : je n'y suis pas allé, insista Quail. Je n'y serai pas allé quelles que soient les preuves que vous me fournirez. » Il prit une profonde inspiration saccadée. « Et je n'ai *jamais* été un agent secret d'Interplan. » Il lui paraissait impossible que l'implantation de souvenirs extra-factuels par MémoiRe S.A. fonctionne effectivement, quoi qu'il eût entendu dire autour de lui.

« Mr. Quail, reprit patiemment McClane. Comme vous nous l'avez expliqué dans votre lettre, vous n'avez pas la moindre chance d'aller un jour sur Mars ; vous n'en avez pas les moyens et, beaucoup plus important, vous ne présentez pas les qualités requises pour être agent secret chez Interplan ou ailleurs. Ce que nous vous proposons est donc la seule manière de réaliser… hum, le rêve de votre vie.

Est-ce que je me trompe ? Non, vous ne pouvez ni être agent secret ni vous rendre pour de vrai sur Mars. » Il gloussa. « Mais vous pouvez *l'avoir été* et *y être allé*. Nous nous en chargerons. Et notre tarif est raisonnable, sans mauvaises surprises. » Il eut un sourire encourageant.

« Le souvenir extra-factuel est-il à ce point convaincant ? interrogea Quail.

– Plus vrai qu'un vrai. Si vous étiez vraiment allé sur Mars comme agent d'Interplan, à l'heure actuelle vous auriez oublié la quasi-totalité de votre mission ; nos analyses du système vérimémoriel – la remémoration authentique des grands événements de la vie – démontrent qu'une foule de détails s'évanouissent très rapidement. Et définitivement. Dans le contrat global que nous offrons, les souvenirs sont si profondément implantés que rien n'est oublié. Le matériau qu'on vous injecte pendant votre coma artificiel a été créé par des experts remarquablement formés qui ont passé des années sur Mars ; dans tous les cas, nous vérifions tout dans les moindres détails. De plus, vous avez choisi un système extra-factuel relativement facile ; si vous aviez choisi Pluton, ou si vous aviez voulu être empereur de l'Alliance des Planètes intérieures, nous aurions eu beaucoup plus de mal… et le coût aurait été nettement plus élevé. »

Quail chercha son portefeuille dans sa veste et concéda : « D'accord. Ça a toujours été ma grande ambition et je vois bien que je ne la réaliserai jamais pour de vrai. Je crois qu'il faudra que je me contente de ça.

– Ne voyez pas les choses sous cet angle, protesta sévèrement McClane. Ce n'est pas un pis-aller. C'est le vrai souvenir – avec tout ce qu'il comporte d'imprécisions, d'omissions et d'ellipses, pour ne pas dire de déformations – qui est le pis-aller. » Il prit l'argent et appuya sur un bouton de son bureau. « Bien », dit-il comme la porte de son bureau s'ouvrait et que deux solides gaillards entraient prestement. « Vous voilà parti pour Mars en tant qu'agent secret. » Il se leva, fit le tour de son bureau pour serrer la main droite et nerveuse de Quail. « Ou plutôt vous y êtes parti. Cet après-midi à quatre heures et demie, vous… euh, vous serez “de retour” ici, sur Terra ; un taxi vous déposera à votre conapt [1], et comme je vous l'ai dit, vous ne vous souviendrez plus jamais de m'avoir vu ni d'être venu ici. En fait, vous n'aurez même jamais entendu parler de nous. »

Philip K. Dick, *Souvenirs à vendre*, trad. Hélène Collon,
© Denoël, 2000, 2006 pour la traduction française,
rééd. coll. « Folio bilingue », 2009, p. 181-187.

Compréhension et analyse

1. Quelles sont les différences que fait McClane entre le souvenir implanté, « extra-factuel », et les souvenirs réels ?
2. Pour quelles raisons Quail sera-t-il convaincu de leur authenticité ?

■ Jean-François Fogel et Bruno Patino, *La Condition numérique* (2013)

L'*homo sapiens* est-il devenu un *homo numericus* à part entière ? Comme l'expliquent les journalistes Jean-François Fogel et Bruno Patino dans leur essai, notre condition d'être humain social est profondément bouleversée par l'usage que nous faisons de l'espace numérique. Internet permet aujourd'hui de connaître nombre d'éléments du passé d'autrui, quand bien même l'individu concerné préférerait les oublier. Et des entreprises sont chargées d'effacer ces traces sur la Toile. Le va-et-vient permis par Internet entre passé et présent dessine par ailleurs un nouveau rapport au temps.

---

1. *Conapt* : dans le roman, habitation individuelle où logent les humains.

[La Toile se souvient]

Sur Internet, le problème a une tout autre ampleur car désormais Funes [1] n'est pas le seul à se souvenir de son passé ; tout le monde peut utiliser Google et tout connaître du passé de Funes. Comment vivre avec Internet qui enregistre tout et n'oublie rien ? Comment changer si les autres peuvent à tout moment nous ramener à notre passé ? Ces questions courent derrière tous les articles de la presse racontant comment une embauche a été perdue ou un amant trompé averti de son infortune en découvrant sur un réseau social une photo compromettante ou la référence à un épisode qu'une personne tente précisément de masquer. Les écoles et les universités mettent explicitement en garde les étudiants sur les dangers que leurs usages numériques font courir à leur emploi futur avec des publications qu'ils pourraient regretter ensuite. Le possible retour du passé, tel un boomerang, au sein du présent est inhérent à l'engagement sur le réseau. S'y rendre visible, c'est y placer un bouton « replay » accessible à tous. « *Think B4 U post* » (pensez avant de poster sur un réseau) demandait une campagne financée par l'Union européenne. Jonathan Zittrain, un professeur de droit numérique à Harvard, propose même le principe d'une « banqueroute de la réputation » régulière afin que chacun puisse régulièrement entreprendre une nouvelle étape de son existence sans être handicapé par son passé.

Ce nettoyage, et parfois la prévention, des traces numériques est devenu une industrie coûteuse, hautement technique et discrète. Aucun exemple ne peut être cité, et pour cause, des chantiers menés par ces entreprises de nettoyage mais il est fascinant de voir qu'elles agissent moins par l'effacement de fausses informations que de faits véridiques (photos d'événements privés ou publics, participation à des activités sociales ou politiques,

1. Allusion au personnage de Borges (voir p. 83).

divulgation de données privées, lien avec des personnes devenues indignes, documents, etc.), tout ce qu'une personne considère comme préjudiciable à sa vie et son activité. Il suffit dans des pays où les enlèvements pour rançon sont monnaie courante de s'entretenir avec un père de famille qui veut masquer son patrimoine pour mesurer le tranchant des intrusions dont Internet est capable. Aucun engagement n'est innocent sur un réseau d'où rien ne disparaît par soi-même.

Sur Internet, il ne faut pas poser la question : est-ce le passé qui envahit le présent ou bien le présent qui s'approprie le passé ? Avec un moteur de recherche, l'alternative n'est pas fondée. L'engagement de l'internaute se réalise dans un présent ultra-ponctuel mais étendu à l'extrême pour absorber tous les mécanismes de mémoire. L'appel au passé qui s'attache à tout engagement (je vois, j'aime, je partage, je recommande, je cherche, etc.) s'énonce au présent mais il peut tout atteindre dans le passé. L'étonnant n'est donc pas que le passé soit si présent sur le réseau mais que le présent, même doté de la puissance d'une connexion instantanée, n'en finisse jamais avec le passé. « J'ai oublié de me souvenir d'oublier », chante Elvis Presley. Tout le réseau fait écho à ses paroles.

Jean-François Fogel et Bruno Patino, *La Condition numérique*,
© Grasset & Fasquelle, 2013.

Compréhension et analyse

1. Selon les auteurs, pourquoi le passé envahit-il l'espace numérique ? Quelles sont les solutions proposées ?
2. Expliquez le nouveau rapport qui s'instaure entre l'homme et le temps.

■ Jean-Philippe Blondel, *Blog* (2010)

Dans son roman *Blog*, l'écrivain français Jean-Philippe Blondel dépeint un jeune narrateur très irrité par l'indiscrétion de son père, qui a lu son blog. Après cet épisode vécu comme une intrusion violente dans son intimité, l'adolescent refuse d'adresser la parole au coupable. Dans l'extrait suivant, ayant décidé d'arrêter son site, il réfléchit à la fonction de ce dernier. Le blog lui permet de lutter contre l'oubli et traduit une peur de la mort.

[*Ad vitam æternam*]

Avant de geler mon blog, je suis quand même allé vérifier ce qu'il y avait dessus. Ce que j'y avais écrit, depuis le tout début, il y a trois ans. C'est-à-dire ce qu'il savait exactement de moi maintenant, le vieux. C'est là que je me suis rendu compte de l'étendue des dégâts – et de l'ampleur de ma naïveté. Bien sûr, je ne suis pas assez crétin pour faire figurer les photos de ma première cuite chez Alex (il y a six mois), ni aucune référence aux quelques pétards que j'ai pu fumer (merci Antoine !) – j'avais toujours quelque part dans la tête que la police avait sûrement les moyens de violer les mots de passe électroniques et pouvait lire mes articles si, un jour, ils me soupçonnaient de quoi que ce soit.

Quand j'ai commencé mon blog, j'avais douze ans, j'étais en cinquième. Je l'ai fait pour rester dans la course. Pour imiter. Les addictions, ça commence toujours comme ça. Et puis je me souviens que je voulais épater une fille de la classe – Éléonore Rézy, je me demande bien ce qu'elle est devenue, elle a déménagé à Bordeaux l'année d'après. Je voulais lui montrer tous mes exploits – la coupe que j'avais gagnée avec l'équipe de basket, ma victoire à la régate des moins de dix ans, au lac. Des conneries. Je postais des vidéos de groupes merdiques qui ont disparu maintenant. Des photos que je croyais marrantes et qui étaient juste débiles. C'est souvent comme ça, les blogs de garçons. [...]

À cause de mon père, je me suis offert un retour en arrière. Trois ans, presque quatre. De maturation. J'ai regardé les visages qui se modifiaient au cours des années – on change tellement entre douze et seize ans. Les traits qui s'affirment. Les centimètres qui poussent. Les débuts de pilosité. J'ai retrouvé aussi des gens dont je ne me souvenais plus – et cela m'a fait peur. En trois ans, je suis déjà parvenu à oublier des visages que je croisais tous les jours, alors qu'est-ce que cela va être dans dix ou vingt ans ? Ou à l'âge de mon père ? Je n'aime pas ce verbe-là, *oublier*. Je voudrais toujours tout garder, vivant, au creux de ma mémoire. Je ne me trouve pas très normal. Il me semble que les autres ados n'ont pas ce genre de problème. Ils avancent vers la lumière, ils dansent, ils chantent, ils luttent, ils crient, mais ils ne sont pas immobiles, à observer le monde autour d'eux avec cette espèce de nostalgie du présent qui délave tout.

C'est pour ça aussi, le blog. J'en suis conscient. Pour conserver. Parce que j'ai peur que tout ne nous échappe. Ne nous file entre les doigts. Et qu'un jour, nous nous retournions et que nous nous apercevions soudain que nous évoluons au milieu d'un désert et que le point de départ, notre oasis, est inatteignable désormais.

Jean-Philippe Blondel, *Blog*,
© Actes Sud Junior, Arles, 2011, p. 27-30.

Compréhension et analyse

1. En quoi les souvenirs du jeune homme sont-ils différents de la mémoire numérique qu'il en garde ? Justifiez votre réponse.
2. En quoi une mémoire virtuelle peut-elle accentuer la nostalgie et l'attachement au passé ?

■ Martin Untersinger, « Internet : du devoir de mémoire au “droit à l’oubli” » (2014)

Dans son article, le journaliste Martin Untersinger revient sur la consécration, le 13 mai 2014, par la Cour de justice de l’Union européenne du « droit à l’oubli numérique » : Google a été déclarée responsable des données relatives à la personne qu’elle propose sur la Toile par un travail d’indexation propre à son moteur de recherche. L’entreprise doit supprimer ces informations si l’internaute le demande. La justice entérine ainsi l’évolution d’une société qui fait du droit à l’oubli une priorité.

[J’efface donc je suis]

Des journalistes français ont crié à la censure, arguant que des informations d’intérêt public allaient disparaître de la mémoire collective, que des hommes politiques empêtrés dans les affaires allaient pouvoir se refaire une virginité numérique. Ce danger, au vu de la décision de la Cour, semble lointain ; les juges ont expressément exclu du champ du « droit à l’oubli » les informations ayant un intérêt pour le public. Impossible donc pour un homme politique de faire oublier qu’il a omis de payer ses impôts… […]

D’autres critiques se sont désolées de la disparition totale de certaines pages Web, dont des articles de presse, des moteurs de recherche. Là encore, la Cour précise que les articles incriminés ne doivent disparaître que lorsque le nom de la personne requérante est recherché. Les pages Web restent accessibles dans Google lorsqu’on les recherche par un autre biais. Dans certains cas, le terme de « droit à l’oubli », qui n’est pas utilisé directement dans la décision de justice, est trompeur. Il est plus juste de parler d’un droit au « déréférencement personnel ».

Une autre critique a été exprimée, notamment côté américain : la décision européenne mettrait à mal la sacro-sainte liberté d'expression. Cette critique, symbole du choc des valeurs entre l'Europe et les États-Unis dont Internet est coutumier, oublie que la Cour a pris en considération un autre droit, aussi solidement protégé en Europe, celui de la vie privée.

Dans un classique exercice de conciliation, la CJUE a estimé que ce droit à la vie privée prévalait, dans certains cas, sur la liberté d'expression. Ces critiques, en se concentrant sur la décision de la Cour, passent à côté des vrais enjeux. Le premier, c'est que le juge et le législateur du XXIe siècle se trouvent devant une situation inédite : celle d'un monde à la mémoire toujours plus permanente. Il est aujourd'hui possible d'obtenir le CV complet de celui ou celle qui se tient en face de nous, en quelques secondes depuis un téléphone connecté à Internet. […]

Ce changement est majeur : les informations personnelles, hier complexes et longues à réunir, sont à portée de clavier, pour toujours. Il semble raisonnable que certaines informations périmées ne puissent pas entraver la vie présente du citoyen, et il n'est pas absurde que le législateur se tienne auprès de ceux, nombreux, qui ne peuvent pas mener une vie entièrement publique. Comme le dit le journaliste David Meyer, ce « droit à l'oubli » est une « forme de censure qui protège les faibles, pas les puissants ».

Encore faut-il distinguer les faibles des puissants. C'est sans doute là le péché de la Cour, qui a confié à Google le pouvoir exorbitant d'effectuer une délicate conciliation entre des principes fondamentaux de nos démocraties, la liberté d'expression et la protection de la vie privée, dans une totale et contrainte opacité. Le tout avec des instructions plus que vagues : les juges ordonnent en effet la suppression des informations jugées « inadéquates, non pertinentes ou excessives, non mises à jour ». Aurait-il fallu des préconisations plus précises, ou bien que la justice, voire une autorité administrative (comme la Commission nationale de l'informatique et des libertés en France), soit à la manœuvre ?

■ Dans son dessin, Martin Vidberg (né en 1980) souligne la tension qui anime la société actuelle, entre désir de laisser des traces de son existence et revendication d'un droit à l'oubli.

La décision de la CJUE est une piqûre de rappel. Le Parlement européen a, au printemps, amendé le texte, issu de la Commission, rénovant le droit européen en matière de protection des données personnelles. Les députés ont explicitement prévu un « droit à l'oubli » proche de celui que les juges européens ont esquissé. Il est plus que temps de se pencher sur le sujet.

Google organise une consultation, qui fait étape à Paris jeudi 25 septembre, dans laquelle des participants du monde des médias, des nouvelles technologies et des universitaires tentent de dessiner les contours et les modalités de ce nouveau droit. Cette initiative est plus que bienvenue. Mais il est dommage qu'un débat aussi crucial ne déborde pas plus largement dans la société civile. Comme le souligne l'universitaire italien Luciano Floridi, qui participe à la consultation de Google, nous sommes passés, « en l'espace d'une vie humaine, du devoir de mémoire au droit à être oublié ».

Ce changement majeur mérite en tout cas mieux que certains débats à l'emporte-pièce qui ont eu lieu jusqu'ici.

Martin Untersinger, « Internet : du devoir de mémoire au "droit à l'oubli" »,

Compréhension et analyse

1. Qu'est-ce que le « droit à l'oubli numérique » et en quoi consiste-t-il exactement ? De quoi est-il révélateur ?
2. Expliquez les différentes critiques qui lui sont faites.

III. La société face à son Histoire

Qu'elle soit accumulation ou lieu d'interférences, la mémoire collective est constituée de souvenirs personnels. Elle est le fruit de faits sélectionnés, construits, réévalués ou oblitérés, qui dépendent à la fois d'une part d'une multiplicité d'individus et d'autre part d'une logique collective et d'enjeux sociaux ou politiques propres à un groupe. Ainsi, on ne se souvient pas de la guerre d'Algérie de la même manière des deux côtés de la Méditerranée. De plus, tout autant qu'au plan individuel, la mémoire et l'oubli, à l'échelle de la collectivité, participent de l'identité du groupe. On ne peut comprendre la religion juive sans la mémoire de la Shoah et de tous les phénomènes de diaspora, et on ne peut la comprendre sans la transmission de la Torah. Principe d'identité et de cohésion sociale, enjeu politique, la mémoire collective agit à la fois comme moteur et dynamique d'une collectivité ; elle assume donc un rôle premier et singulier dans nos sociétés contemporaines. Quelle place lui accorder ? Entre la vénération de la mémoire et l'amnésie volontaire, la société oscille sur la position à adopter face à son histoire. Peut-on tout transmettre ? Est-ce un devoir ? Ne vaut-il pas mieux oublier dans certains cas ? Entre la mémoire à préserver et l'oubli à assumer, comment faire pour que cette mémoire collective serve l'humain ? Comment faire, somme toute, pour que la mémoire reste vive ?

1. Du devoir au culte de la mémoire

« En cette fin de millénaire, les Européens,
et tout particulièrement les Français,
sont obsédés par un nouveau culte, celui
de la mémoire [1]. »

La société semble avoir basculé dans une sorte de nostalgie généralisée : émissions-souvenirs, objets-souvenirs, hommages divers, mode *vintage*, télé-réalités où l'on dote les lycéens de blouses, de plumes et de pupitres, et les récompense de bons points... D'un point de vue institutionnel, l'État paraît également participer au phénomène puisque lui-même instaure chaque année de nouvelles cérémonies commémoratives, des « journées du souvenir », des projets de mémoire au sein de l'école, et ponctue ses interventions de rappels au passé. C'est après la Seconde Guerre mondiale qu'émerge le concept de « devoir de mémoire », officialisé à la fin du XXe siècle par diverses lois mémorielles. Cette notion désigne le devoir moral attribué à l'État et au citoyen d'entretenir le souvenir et de commémorer des souffrances subies. Avec le temps, certaines commémorations perdent de leur signification pour s'apparenter à de simples rituels, à l'image de la commémoration de l'armistice de la Grande Guerre que donne à voir Thierry Jonquet (p. 117) : nous sommes entourés de lieux, d'objets ou de symboles qui portent notre mémoire collective mais qui ne nous touchent plus nécessairement, comme l'explique Pierre Nora (p. 114). Sur le plan architectural, Le Corbusier estime quant à lui que la tendance à préserver le bâti ancien ne doit pas conduire à négliger le présent (p. 120). Expliquant que nous sommes entrés dans une ère de la commémoration, l'historien François Hartog voit dans ce phénomène le signe d'un présent sans repères (p. 123) ; Tzvetan Todorov, à son tour, nous

1. Tzvetan Todorov, *Les Abus de la mémoire*, Arléa, 1995.

Zoom sur

Déclinaisons latines de la mémoire

Les expressions latines concernant le souvenir et la mémoire sont fréquentes dans nos échanges quotidiens. En voici quelques-unes :

- *Historia est magistra vitæ* (« l'histoire est le professeur de la vie »), qui souligne l'importance de la mémoire collective pour construire le futur.
- *Memento mori* (« rappelle-toi que tu vas mourir ») : cette phrase était prononcée par un esclave à l'oreille des généraux romains lors de la parade organisée à Rome pour fêter leur triomphe, à la fois incitation à l'humilité et mise en garde contre l'*hybris* (attitude qui consiste à se croire l'égal des dieux ou supérieur à eux). Par extension, cette expression désigne toute œuvre artistique qui vise à rappeler au spectateur sa condition de mortel (les vanités, par exemple).
- *Memorandum* (« ce qui doit être mémorisé ») : ce mot désigne un document contenant les informations essentielles que le lecteur doit retenir.
- *Tabula rasa* (« table rase ») : cette expression désigne la situation dans laquelle on fait table rase du passé, pour un nouveau départ.
- *In mémoriam* (« en mémoire de ») : ces mots sont utilisés notamment par les auteurs qui dédient leur livre à un défunt ou, dans le cadre des funérailles, en souvenir de la personne décédée.
- *Damnatio memoriæ* (« condamnation de la mémoire ») : locution qui désigne une procédure *post mortem* dans la Rome antique, exigeant que toutes les mentions du défunt, ses portraits, les inscriptions à son nom, etc., soient détruites, afin que la postérité ne se souvienne pas de lui. Aujourd'hui, elle exprime la volonté de faire oublier une personne.

invite à interroger ce culte de la mémoire (p. 126) : l'abus de mémoire n'est-il pas là pour cacher un présent plus problématique ?

■ Pierre Nora, « Entre mémoire et histoire, la problématique des lieux », *Les Lieux de mémoire* (1984)

Historien français et membre de l'Académie française, Pierre Nora a dirigé et en partie rédigé les trois tomes de *Lieux de mémoire*, qui dressent l'inventaire des lieux et des objets dans lesquels s'est incarnée la mémoire des Français. Selon l'auteur, tout objet peut devenir lieu de mémoire quand une collectivité le réinvestit de son affect et de ses émotions. Qu'ils soient fêtes, emblèmes, monuments, commémorations, archives, dictionnaires ou musées, ceux-ci sont devenus le symbole de la mémoire collective par le travail du temps et des hommes. Interroger les lieux de mémoire, c'est explorer notre héritage collectif à mi-chemin entre mémoire et histoire.

[Des restes de mémoire]

Les lieux de mémoire, ce sont d'abord des restes. La forme extrême où subsiste une conscience commémorative dans une histoire qui l'appelle, parce qu'elle l'ignore. C'est la déritualisation de notre monde qui fait apparaître la notion. Ce que sécrète, dresse, établit, construit, décrète, entretient par l'artifice et par la volonté une collectivité fondamentalement entraînée dans sa transformation et son renouvellement. Valorisant par nature le neuf sur l'ancien, le jeune sur le vieux, l'avenir sur le passé. Musées, archives, cimetières et collections, fêtes, anniversaires, traités, procès-verbaux, monuments, sanctuaires, associations, ce sont les buttes témoins d'un autre âge, des illusions d'éternité. D'où l'aspect nostalgique de ces entreprises de piété, pathétiques et glaciales. Ce sont les rituels d'une société sans rituel ; des sacralités passagères dans une société qui désacralise ; des fidélités particulières dans une société qui rabote les particularismes ; des différenciations de fait dans une société qui nivelle par principe ; des signes de reconnaissance et d'appartenance de groupe dans une société qui tend à ne reconnaître que des individus égaux et identiques.

Les lieux de mémoire naissent et vivent du sentiment qu'il n'y a pas de mémoire spontanée, qu'il faut créer des archives, qu'il faut maintenir des anniversaires, organiser des célébrations, prononcer des éloges funèbres, notarier [1] des actes, parce que ces opérations ne sont pas naturelles. C'est pourquoi la défense par les minorités d'une mémoire réfugiée sur des foyers privilégiés et jalousement gardés ne fait que porter à l'incandescence [2] la vérité de tous les lieux de mémoire. Sans vigilance commémorative, l'histoire les balaierait vite. Ce sont des bastions [3] sur lesquels on s'arc-boute. Mais si ce qu'ils défendent n'était pas menacé, on n'aurait pas non plus besoin de les construire. Si les souvenirs qu'ils enferment, on les vivait vraiment, ils seraient inutiles. Et si, en revanche, l'histoire ne s'en emparait pas non plus pour les déformer, les transformer, les pétrir et les pétrifier, ils ne deviendraient pas des lieux pour la mémoire. C'est ce va-et-vient qui les constitue : moments d'histoire arrachés au mouvement de l'histoire, mais qui lui sont rendus. Plus tout à fait la vie, pas tout à fait la mort, comme ces coquilles sur le rivage quand se retire la mer de la mémoire vivante.

La Marseillaise ou les monuments aux morts vivent ainsi de cette vie ambiguë, pétrie du sentiment mêlé d'appartenance et

1. ***Notarier*** : faire traiter par un notaire.
2. ***Porter à l'incandescence*** : exalter.
3. ***Bastions*** : soutiens, postes de défense.

de détachement. En 1790, le 14 juillet était déjà et pas encore un lieu de mémoire. En 1880, son institution en fête nationale l'installe en lieu de mémoire officiel, mais l'esprit de la République en faisait encore un ressourcement vrai. Et aujourd'hui ? La perte même de notre mémoire nationale vivante nous impose sur elle un regard qui n'est plus ni naïf ni indifférent. Mémoire qui nous tenaille et qui n'est déjà plus la nôtre, entre la désacralisation rapide et la sacralité provisoirement reconduite. Attachement viscéral qui nous maintient encore débiteurs de ce qui nous a faits, mais éloignement historique qui nous oblige à considérer d'un œil froid l'héritage et à en établir l'inventaire. Lieux rescapés d'une mémoire que nous n'habitons plus, mi-officiels et institutionnels, mi-affectifs et sentimentaux ; lieux d'unanimité sans unanimisme qui n'expriment plus ni conviction militante ni participation passionnée, mais où palpite encore quelque chose d'une vie symbolique. Basculement du mémoriel à l'historique, d'un monde où l'on avait des ancêtres à un monde du rapport contingent[1] à ce qui nous a faits, passage d'une histoire totémique[2] à une histoire critique ; c'est le moment des lieux de mémoire. On ne célèbre plus la nation, mais on étudie ses célébrations.

Pierre Nora, « Entre mémoire et histoire, la problématique des lieux », *Les Lieux de mémoire*, t. I, © Gallimard, coll. « Quarto », 1997, p. 28-29.

Compréhension et analyse

1. D'après le texte, définissez ce qu'est un lieu de mémoire et donnez-en les principales caractéristiques.
2. Que peuvent nous apprendre ces « restes » ? Selon l'auteur, de quoi sont-ils symboliques ?

---

1. *Contingent* : d'importance secondaire.
2. *Totémique* : symbolique et sacrée.

■ Thierry Jonquet, *La Vigie* (1998)

Thierry Jonquet (1954-2009) est l'auteur de nombreux romans policiers mêlant habilement histoire et critique sociale aux faits divers traités sous forme d'enquêtes haletantes. Dans *La Vigie*, le 14 novembre 1995, trois jours après la commémoration de l'armistice de la Première Guerre mondiale, vingt personnes sont assassinées en moins de cinq minutes dans une ZUP[1]. Un an après, un postier mène l'enquête. L'extrait suivant est l'*incipit*[2] du texte et décrit, non sans ironie, les commémorations du 11 Novembre de manière très réaliste.

[Le 11 quoi ?]

Feucherolles-les-Essarts[3] était une de ces rares communes de France où l'on célébrait encore le 11 Novembre avec ferveur et dignité. Les maires des villages voisins, Heudrecourt-les-Loges, Vincheville, Sointre-sur-Vixe ou encore Chilloy, arrivaient en car et en grande pompe[4] sur la place de Feucherolles vers les 10 heures, avec leurs adjoints, ceints de leur écharpe tricolore, la mine grave, l'œil humide. Le curé de Vincheville les rejoignait sitôt sa messe finie : c'était le seul prêtre encore opérationnel dans le canton, après la défection[5] de ses collègues, réduits à l'inactivité pour cause de dépérissement général de la foi – aussi respectait-on son office[6]. Après une *Marseillaise* en sourdine au clairon devant le monument aux morts érigé sur la place de Feucherolles – un

---

1. ***ZUP*** : zone à urbaniser en priorité ; grands ensembles construits entre 1959 et 1967 pour répondre à la demande croissante de logements en banlieue.
2. ***Incipit*** : début d'un roman.
3. ***Feucherolles-les-Essarts*** : nom de commune inventé, comme ceux des communes citées ensuite.
4. ***En grande pompe*** : de façon solennelle.
5. ***Défection*** : abandon, désertion.
6. ***Office*** : service religieux.

bien beau monument qui représentait deux poilus [1] endoloris couvés par un ange de sexe femelle aux seins lourds, aux ailes déployées, prêtes à l'envol, le tout agrémenté de quelques obus à l'ogive pointée vers le ciel, et reliés entre eux par une grosse chaîne de bronze délimitant l'enclos –, on écoutait le curé prononcer un *De profundis* [2] précédé d'une homélie [3] aux accents patriotiques.

Puis, la besogne accomplie, on allait boire un coup au comptoir de l'Épi d'Or, l'unique hôtel-restaurant du village, chez Vimeux, lui-même descendant d'un de ces braves tombés au champ d'honneur, dont on venait de célébrer la mémoire. Le blanc sec servi sur le zinc râpait les gosiers des participants à la cérémonie, tous anciens combattants des différents conflits qui suivirent la guerre de 14. Soldats de 39, d'Indo, appelés et rappelés d'Algérie [4], et même un tout jeunot de Chilloy, le Marcel, qui s'était porté volontaire pour la Bosnie [5]. Il s'était fait rectifier la jambe droite aux avant-postes de Sarajevo et, depuis, traînait sa prothèse de bistrot en bistrot. La totale. Une petite communauté soudée par des souvenirs si douloureux à partager.

Jusqu'en 1995, le caporal-chef Laheurtière participa aux agapes [6] sans coup férir [7], ancien parmi les anciens, doyen de la troupe, et tint ferme le drapeau bleu-blanc-rouge dans ses vieilles mains calleuses [8] couvertes de taches de son [9], tandis que le clairon sonnait. Pour la circonstance, il revêtait l'uniforme que

---

1. *Poilus* : terme hérité de la Grande Armée napoléonienne et repris pour désigner les soldats français de la Première Guerre mondiale.

2. *De profundis* : prière pour les morts.

3. *Homélie* : discours du prêtre lors de la messe.

4. Combattants des conflits dans lesquels la France a été engagée – la guerre de 1939-1945, celle d'Indochine (1946-1954) et celle d'Algérie (1954-1962).

5. La Bosnie-Herzégovine fut le théâtre d'une guerre civile meurtrière entre 1992 et 1995.

6. *Agapes* : festivités.

7. *Sans coup férir* : sans difficulté.

8. *Calleuses* : dont la peau est dure.

9. *Taches de son* : taches brunes, signes de vieillesse.

lui avait remis le fourrier [1] du 56e régiment d'infanterie [2] cantonné à Meaux – capote, vareuse bleu horizon, chemise et pantalon assorti, casque, bandes molletières et galoches [3] – un frais matin d'avril de l'an 1915, le jour de ses dix-huit printemps. Il l'avait entretenu avec amour, lavé au savon de Marseille, protégé des mites et soigneusement brossé des décennies durant. Le caporal-chef Laheurtière, ça oui, dame, faudrait voir à voir, comme il disait souvent, n'aurait jamais manqué le rendez-vous annuel. Ni le coup de blanc sec qui suivait chez Vimeux. Sa présence devant le monument aux morts suscitait une émotion particulière, un « plus », une manière de gratification [4] dont ne pouvaient s'enorgueillir d'autres amicales de combattants des environs, aux effectifs décimés par le temps qui s'ingéniait, année après année, à pousser vers la tombe les acteurs des batailles passées. On chérissait le poilu Laheurtière avec une tendresse bourrue, et plus d'un des habitués du zinc de l'Épi d'Or possédait une de ses photographies, dédicacée. Un portrait en pied, devant le monument de Feucherolles, un cliché pris lors de la célébration du cinquantenaire de l'Armistice, en 1968.

Le cabot-chef [5] Laheurtière n'était pourtant pas natif de la région. Enfant, il avait grandi dans le Loiret, du côté de Montargis. Un coin tranquille, que le Boche [6] avait épargné. Son père était forgeron, et il commença à apprendre le métier à ses côtés, jusqu'à ce que la patrie en danger fasse appel à lui. Et si André Laheurtière avait dédaigné son Gâtinais natal pour venir s'établir à Feucherolles-les-Essarts au milieu des années 20, c'était précisément à cause de la guerre de tranchées qui avait bouleversé sa vie, saccagé sa jeunesse…

---

1. ***Fourrier*** : sous-officier chargé des vivres et des vêtements des troupes.
2. ***Infanterie*** : ensemble de gens de guerre allant et combattant à pied.
3. ***Bandes molletières et galoches*** : protections pour les mollets et chaussures grossières.
4. ***Gratification*** : honneur, récompense.
5. ***Cabot-chef*** : caporal-chef.
6. ***Boche*** : terme péjoratif pour désigner un Allemand.

« Oh oui ! dame, ça a canardé[1] sec, du côté de par chez nous ! » se plaisait à répéter le cabot-chef à chaque cérémonie du 11 Novembre.

Thierry Jonquet, *La Vigie*, © L'Atalante, 1998, rééd. Flammarion, coll. « Étonnants Classiques », 2013, p. 27-30.

Compréhension et analyse

1. Décrivez cette journée de commémoration du 11 Novembre. En quoi est-elle tournée vers le passé ?
2. Relevez les expressions ou phrases qui traduisent l'ironie du narrateur. Quel sens lui donnez-vous ?

■ Le Corbusier, *La Charte d'Athènes* (1933)

Texte rédigé à l'occasion des Congrès internationaux d'architecture moderne en 1933, *La Charte d'Athènes* pose la modernité au cœur de la pensée de la ville, à travers l'art et l'industrie. Dans l'extrait suivant, l'architecte Le Corbusier (1887-1965) explique qu'il est bon de souhaiter protéger le patrimoine historique dans nos villes modernes mais que cette volonté ne doit pas se faire au détriment de l'hygiène de l'habitat urbain. De la même manière, sombrer dans une copie servile et pâle du style de telle ou telle époque est une erreur à éviter.

[Le patrimoine architectural]

Les valeurs architecturales doivent être sauvegardées (édifices isolés ou ensembles urbains).

La vie d'une cité est un événement continu, manifesté à travers les siècles par des œuvres matérielles, tracés ou constructions, qui

1. *Canardé* : tiré avec une arme à feu.

la dotent de sa personnalité propre et dont émane peu à peu son âme. Ce sont des témoins précieux du passé qui seront respectés pour leur valeur historique ou sentimentale d'abord ; ensuite parce que certains portent en eux une vertu plastique en laquelle le plus haut degré d'intensité du génie humain s'est incorporé. Ils font partie du patrimoine humain et ceux qui les détiennent ou sont chargés de leur protection ont la responsabilité et l'obligation de faire tout ce qui est licite [1] pour transmettre intact aux siècles futurs ce noble héritage.

Elles seront sauvegardées si elles sont l'expression d'une culture antérieure et si elles répondent à un intérêt général…

La mort, qui n'épargne aucun être vivant, frappe aussi les œuvres des hommes. Il faut savoir, dans les témoignages du passé, reconnaître et discriminer ceux qui sont encore bien vivants. Tout ce qui est passé n'a pas, par définition, droit à la pérennité ; il convient de choisir avec sagesse ce qui doit être respecté. Si les intérêts de la ville sont lésés par la persistance de certaines présences insignes, majestueuses, d'une ère révolue, la solution sera recherchée capable de concilier deux points de vue opposés : dans les cas où l'on se trouve devant des constructions répétées à de nombreux exemplaires, certaines seront conservées à titre documentaire, les autres abattues ; dans d'autres cas, la seule partie constituant un souvenir ou une valeur réelle pourra être isolée ; le reste sera modifié utilement. Enfin, dans certains cas exceptionnels, la transplantation totale d'éléments gênants par leur situation mais qui méritent par leur haute signification esthétique ou historique d'être conservés, pourra être envisagée.

Si leur conservation n'entraîne pas le sacrifice de populations maintenues dans des conditions malsaines…

---

1. *Licite* : légal, en leur pouvoir.

Un culte étroit du passé ne saurait faire méconnaître les règles de la justice sociale. Des esprits, plus soucieux d'esthétisme que de solidarité, militent en faveur de la conservation de certains vieux quartiers pittoresques, sans se soucier de la misère, de la promiscuité et des maladies que ceux-ci abritent. C'est prendre une grave responsabilité. Le problème doit être étudié et peut quelquefois être tranché par une solution ingénieuse ; mais, en aucun cas, le culte du pittoresque et de l'histoire ne doit primer la salubrité du logis dont dépendent si étroitement le bien-être et la santé morale de l'individu. [...]

L'emploi de styles du passé, sous prétexte d'esthétique, dans les constructions neuves érigées dans les zones historiques, a des conséquences néfastes. Le maintien de tels usages ou l'introduction de telles initiatives ne sera toléré sous aucune forme.

De telles méthodes sont contraires à la grande leçon de l'histoire. Jamais un retour en arrière n'a été constaté, jamais l'homme n'est revenu sur ses pas. Les chefs-œuvre du passé nous montrent que chaque génération eut sa manière de penser, ses conceptions, son esthétique, faisant appel, pour servir de tremplin à son imagination, à la totalité des ressources techniques de l'époque qui était sienne. Copier servilement le passé, c'est se condamner au mensonge, c'est ériger le « faux » en principe, puisque les conditions anciennes du travail ne sauraient être reconstituées et que l'application de la technique moderne à un idéal périmé n'aboutit jamais qu'à un simulacre dénué de toute vie. En mêlant le « faux » au « vrai », loin d'atteindre à une impression d'ensemble et de donner le sentiment de la pureté de style, on n'aboutit qu'à une reconstitution factice juste capable de jeter le discrédit sur les témoignages authentiques qu'on avait le plus à cœur de préserver.

Le Corbusier, *La Charte d'Athènes*,
© Les Éditions de Minuit, 1971, p. 87-92.

Compréhension et analyse

1. Selon l'auteur, pourquoi faut-il sauvegarder le patrimoine historique d'une ville ?
2. Dans le domaine architectural, quelles sont les limites de ce culte rendu au passé ?

■ François Hartog, « Le passé pour seul horizon ? » (2014)

L'historien François Hartog s'est longuement intéressé dans ses essais aux rapports qu'entretient notre société avec le passé ainsi qu'aux relations entre identité, mémoire et histoire. Dans cette interview pour le magazine *Sciences humaines*, il explique que notre époque semble prise dans une avalanche mémorielle, la mémoire du passé étant devenue un enjeu politique et économique. Parfois conflictuel, le devoir de mémoire semble constituer aujourd'hui un refuge pour la construction des identités.

[L'ère mémorielle]

Le passé semble plus que jamais célébré et sollicité aujourd'hui. Comment interpréter cette focalisation contemporaine sur la mémoire ?

Depuis plus de trente ans, nous sommes entrés dans une ère mémorielle. C'est en 1984 que paraît le premier volume des *Lieux de mémoire* (dirigés par Pierre Nora) [1] qui avait – déjà – pour projet de faire une histoire de la mémoire. Un nouveau rapport au passé s'est instauré à partir de cette époque. Les jeunes adultes, nés dans les années 1970-1980, n'ont d'ailleurs connu que ce contexte et ne comprennent pas toujours les changements qui se sont opérés.

1. Voir p. 114.

La littérature de ces dernières décennies témoigne bien de cette vague. On connaît le succès du livre de Jonathan Littell (*Les Bienveillantes*, 2006) dans lequel on est dans une écriture mémorielle, puisque l'auteur utilise toute une série d'archives pour construire son roman. Dans *Les Disparus* (2007), Daniel Mendelsohn, auteur juif américain né dans les années 1960, part à la recherche de la famille de son grand-oncle en Ukraine en réalisant une reconstruction historique d'une époque qu'il n'a pas connue. Et l'on pourrait en citer bien d'autres…

Alors que la mémoire traditionnelle opérait par transmission, d'une génération à l'autre, tous ces auteurs reconstruisent des mémoires de manière volontaire et délibérée.

Les commémorations sont l'expression publique et institutionnelle de ce phénomène. On assiste à une avalanche de ces manifestations, comme on a pu le voir au mois d'août 2014 avec les multiples célébrations du débarquement des Alliés ou de la libération de Paris. Les commémorations deviennent une stratégie de communication pour les hommes politiques qui tentent de réactiver un modèle historique devenu obsolète[1], consistant à vouloir tirer des leçons de l'histoire. Quant à la valorisation du patrimoine, elle comporte un fort enjeu économique avec la multiplication des mémoriaux, des spectacles historiques, des parcours de mémoire, etc.

On a vu aussi apparaître des revendications mémorielles contradictoires (par exemple, pieds-noirs et harkis[2] *dans la guerre d'Algérie). Certains invoquent un « droit à la mémoire », d'autres un « devoir de mémoire »…*

Le point de départ de ce surgissement de la mémoire est l'extermination des Juifs pendant la Seconde Guerre mondiale.

1. ***Obsolète*** : dépassé.
2. ***Pieds noirs et harkis*** : un « pied-noir » était un Français qui vivait en Algérie lorsque celle-ci était encore française, alors qu'un « harki » est un Algérien qui soutenait le rattachement de l'Algérie à la France durant la guerre d'Algérie.

De cette conjoncture est née la notion de « devoir de mémoire », à l'égard de ceux qui n'ont pas pu témoigner de ce qu'il leur était arrivé. Puis cette revendication est devenue une sorte de slogan qui s'est banalisé. Face à cela, d'autres ont répondu en réclamant un « droit à la mémoire », des siens, des groupes, des minorités… D'où le déploiement de cette vague mémorielle en quête de mémoires oubliées, disparues, empêchées. La mémoire se retrouve alors du côté des victimes, des humiliés, des sans-voix, et l'histoire fait figure de « mémoire officielle ». […]

Aujourd'hui, nous serions dans un modèle « présentiste ». Qu'entendez-vous par là ?

Avec la révolution de l'information, nous sommes passés dans des sociétés de l'instantanéité. Le présent est devenu le seul horizon. Il est difficile de se projeter dans le futur après les événements du XXe siècle (la Shoah notamment) qui ont fait vaciller l'idée d'un progrès possible de l'humanité. En Occident, avec les préoccupations écologiques, le futur commence à être perçu comme une menace ou même porteur de destruction. Un avenir fermé, un passé perçu comme une série de catastrophes et de crimes… Le présent se trouve refermé sur lui-même et devient son propre horizon.

La mémoire constitue alors un recours pour échapper à cet enfermement. Commémorations, mémoire et patrimoine sont des notions pour temps de crise. On pourrait certes y voir une tentative de revenir à l'ancien régime de l'histoire comme maîtresse de vie (*historia magistra*) [1], sauf que le rapport au temps dans nos sociétés n'est plus le même. Chacun puise à sa guise dans le passé. Dans le monde occidental, la mémoire est devenue un repère pour des identités en souffrance, le symptôme d'une incertitude sur ce que nous sommes.

Propos de François Hartog recueillis par Martine Fournier,
« Le passé pour seul horizon ? »,
© *Sciences humaines*, n° 264, novembre 2014.

---

1. Voir encadré, p. 113.

Compréhension et analyse

1. Expliquez pourquoi nous sommes entrés dans « l'ère mémorielle ».
2. Selon l'auteur, de quoi ce phénomène est-il révélateur ?

■ Tzvetan Todorov, *Les Abus de la mémoire* (1995)

Dans son essai *Les Abus de la mémoire*, l'historien et philosophe français d'origine bulgare Tzvetan Todorov (né en 1939) s'interroge sur notre relation au passé : entre oubli et sacralisation, quelle place accorder à la mémoire ? Dans cet extrait, il tente d'expliquer les raisons pour lesquelles notre société contemporaine voue un culte à cette dernière.

[Us et abus]

Il faut d'abord noter que la représentation du passé est constitutive non seulement de l'identité individuelle – la personne présente est faite de ses propres images d'elle-même –, mais aussi de l'identité collective. Or, qu'on le veuille ou non, la plupart des êtres humains ont besoin de ressentir leur appartenance à un groupe : c'est qu'ils trouvent là le moyen le plus immédiat d'obtenir la reconnaissance de leur existence, indispensable à tout un chacun. Je suis catholique, ou berrichon [1], ou paysan, ou communiste : je ne suis pas personne, je ne risque pas d'être englouti par le néant.

Même si l'on n'est pas particulièrement perspicace, on ne peut manquer de s'apercevoir que le monde contemporain évolue dans le sens d'une plus grande homogénéité et uniformité, et que cette évolution porte atteinte aux identités et aux appartenances traditionnelles. Homogénéisation à l'intérieur de

1. ***Berrichon*** : habitant du Berry.

nos sociétés, d'abord, due à l'accroissement de la classe moyenne, à la nécessaire mobilité sociale et géographique de ses membres, à l'extinction de la guerre civile idéologique (les « exclus », eux, ne souhaitent pas revendiquer leur nouvelle identité). Mais aussi uniformisation entre sociétés, effet de la circulation internationale accélérée des informations, des biens de consommation culturelle (émissions de radio et de télévision) et des personnes. La réunion de ces deux conditions – le besoin d'identité collective, la destruction des identités traditionnelles – est responsable, en partie, du nouveau culte de la mémoire : c'est en se constituant un passé commun qu'on pourra bénéficier de la reconnaissance due au groupe. [...]

Une autre raison pour se préoccuper du passé est que cela nous permet de nous détourner du présent, tout en nous procurant les bénéfices de la bonne conscience. Qu'on nous rappelle aujourd'hui avec minutie les souffrances passées nous rend peut-être vigilants à l'égard de Hitler et de Pétain, mais nous fait aussi d'autant mieux ignorer les menaces présentes – puisqu'elles n'ont pas les mêmes acteurs ni ne prennent les mêmes formes. Dénoncer les faiblesses d'un homme sous Vichy me fait apparaître comme un vaillant combattant de la mémoire et de la justice, sans m'exposer à aucun danger ni m'obliger d'assumer mes éventuelles responsabilités face aux détresses actuelles. Commémorer les victimes du passé est gratifiant, s'occuper de celles d'aujourd'hui dérange ; « faute d'avoir une action réelle contre le "fascisme" d'aujourd'hui, qu'il soit réel ou fantasmé, on porte l'attaque, résolument, sur le fascisme d'hier [1] ». Cette exonération du souci présent par la mémoire du passé peut même aller plus loin : comme l'écrit Rezvani dans un de ses romans, « la mémoire de nos deuils nous empêche de regarder les souffrances des autres, elle justifie nos actes présents au nom des souffrances

1. Éric Conan et Henry Rousso, *Vichy, un passé qui ne passe pas*, Fayard, 1994, p. 280.

passées[1] ». Les Serbes, en Croatie et en Bosnie, rappellent d'autant plus volontiers les injustices dont ont été victimes leurs ancêtres que ce rappel leur permet de faire oublier – espèrent-ils – les exactions dont ils se rendent coupables maintenant[2] ; et ils ne sont pas les seuls à agir de la sorte.

Une dernière raison au nouveau culte de la mémoire serait que ses praticiens s'assurent ainsi certains privilèges au sein de la société. Un ancien combattant, un ancien résistant, un ancien héros n'a pas envie qu'on ignore son héroïsme passé, et cela est après tout bien normal. Ce qui est, au moins à première vue, plus surprenant, c'est le besoin éprouvé par d'autres individus ou groupes de se reconnaître dans le rôle des victimes passées, et de vouloir l'assumer dans le présent. Qu'y aurait-il d'agréable dans le fait d'être victime ? Rien, assurément. Mais si personne ne veut *être* une victime, tous, en revanche, veulent l'avoir été, sans plus l'être ; ils aspirent au *statut* de victime. La vie privée connaît bien ce scénario : un membre de la famille s'empare du rôle de victime car, partant, il peut attribuer à ceux qui l'entourent le rôle beaucoup moins enviable de coupable. Avoir été victime vous donne le droit de vous plaindre, de protester et de réclamer ; sauf à rompre tout lien avec vous, les autres sont bien obligés de répondre à vos demandes. Il est plus avantageux de rester dans le rôle de victime que de recevoir une réparation pour l'offense subie (à supposer que cette offense soit réelle) : au lieu d'une satisfaction ponctuelle, on garde un privilège permanent, l'attention et donc la reconnaissance des autres vous est assurée.

Ce qui est vrai des individus l'est plus encore des groupes. Si l'on parvient à établir de façon convaincante que tel groupe

---

1. Serge Rezvani, *La Traversée des Monts Noirs*, Stock, 1992, p. 264.
2. Sur la guerre civile en Bosnie-Herzégovine, voir la note 5, p. 118.

a été victime d'injustice dans le passé, cela lui ouvre dans le présent une ligne de crédit [1] inépuisable.

Tzvetan Todorov, *Les Abus de la mémoire*,
© Arléa, 1995, p. 51-57.

Compréhension et analyse

1. D'après l'auteur, pourquoi rendons-nous un véritable culte à la mémoire ?
2. Selon lui, en quoi ce phénomène est-il devenu un enjeu social et politique ?

2. Une place à part pour la Shoah ?

« Il y a dans ce monde ancien et nouveau tant de gens
Que leurs propres enfants ne pourront pas comprendre
Oh vous qui passez
Ne réveillez pas cette nuit les dormeurs [2] »

La Shoah semble occuper une place à part dans notre rapport à l'histoire puisque c'est à partir de celle-ci que sont nées deux notions clés – le devoir de mémoire et l'imprescriptibilité [3] liée aux crimes contre l'humanité. L'une et l'autre font de l'extermination systématique de six millions de Juifs par l'Allemagne nazie un événement qu'on ne peut et ne doit pas oublier. Comment peut-on maintenir vivace le souvenir ? Comment perpétuer la mémoire de

1. ***Crédit*** : considération.
2. Louis Aragon, *Chanson pour oublier Dachau*, 1947.
3. ***Imprescriptibilité*** : il existe en droit une clause particulière qui interdit la prescription quand il s'agit de crimes contre l'humanité. La prescription est l'extinction des poursuites au pénal après écoulement d'un certain temps (dix ans pour les crimes).

la Shoah quand les derniers rescapés disparaîtront ? Pour lutter contre l'oubli, voire contre la négation pure et simple du génocide – qu'on nomme « négationnisme » –, le témoignage des victimes apparaît essentiel. Mais l'acte est douloureux. Et ceux qui sont revenus des camps se demandent s'il leur faut se taire et oublier, ou dire et transmettre, comme l'explique Primo Levi (ci-dessous). C'est aussi l'expérience de Jorge Semprún, qu'il relate dans *L'Écriture ou la Vie* : écrire, c'est revivre la mort ; vivre, c'est oublier. Toutefois, l'oubli d'un tel trauma est-il possible (p. 133) ? Certains, comme Elie Wiesel, s'interrogent sur la possibilité même de transmettre l'indicible (p. 135). Bien plus, le devoir de mémoire atteint-il son but ? Le cardinal Lustiger remarque que, malgré les efforts mis en œuvre pour que le souvenir demeure dans les esprits, les jeunes générations oublient (p. 138). Il y a pourtant une vérité à transmettre pour que l'histoire ne se répète pas, comme le rappelle Yannick Haenel (p. 141).

■ Primo Levi, *Si c'est un homme* (1947)

Primo Levi (1919-1987) est l'un des premiers rescapés de la Shoah à avoir témoigné de son expérience des camps. Dans *Si c'est un homme*, ce Juif italien, chimiste de formation, raconte minutieusement sa déportation à Auschwitz pour transmettre et ne jamais oublier. Dans cet extrait, il explique les difficultés auxquelles se confronte la transmission d'une expérience aussi douloureuse que celle des camps de la mort.

[La Shoah : se souvenir ou oublier ?]

Face au triste pouvoir évocateur de ces lieux, chaque ancien déporté réagit de façon différente, mais on peut cependant distinguer deux catégories bien définies. Appartiennent à la première

■ Planche extraite du roman graphique *Maus* : *Un survivant raconte*, d'Art Spiegelman, Flammarion, 1987, t. I, « Mon père saigne l'histoire » (p. 111).
Dans son roman graphique, l'auteur évoque la persécution des Juifs dans les années 1930 et 1940 à travers l'histoire de son propre père, transposée dans un univers animalier où les Juifs sont des souris (*Maus*, en allemand) et les nazis des chats. Y sont mêlées deux trames narratives : le récit du père de Spiegelman (relatant sa déportation) et le récit des relations entre ce père et son fils, Art Spiegelman (récit de la transmission de la Shoah).

ceux qui refusent d'y retourner ou même d'en parler, ceux qui voudraient oublier sans y parvenir et sont tourmentés par des cauchemars, enfin ceux qui au contraire ont tout oublié, tout refoulé, et ont recommencé à vivre en partant de zéro. J'ai remarqué que ce sont tous en général des individus qui ont échoué au Lager [1] « par accident », c'est-à-dire sans engagement politique précis ; pour eux, la souffrance a été une expérience traumatisante mais dénuée de signification et d'enseignement, comme un malheur ou une maladie : pour eux, le souvenir est un peu comme un corps étranger qui s'est introduit douloureusement dans leur vie, et qu'ils ont cherché (ou qu'ils cherchent encore) à éliminer. Dans la seconde catégorie par contre, on trouve les ex-prisonniers politiques, ou des individus qui possèdent, d'une manière ou d'une autre, une éducation politique, une conviction religieuse ou une forte conscience morale. Pour eux, se souvenir est un devoir : eux ne veulent pas oublier, et surtout ne veulent pas que le monde oublie, car ils ont compris que leur expérience avait un sens et que les Lager n'ont pas été un accident, un imprévu de l'Histoire.

Les Lager nazis ont été l'apogée, le couronnement du fascisme européen, sa manifestation la plus monstrueuse ; mais le fascisme existait déjà avant Hitler et Mussolini, et il a survécu, ouvertement ou sous des formes dissimulées, à la défaite de la Seconde Guerre mondiale. Partout où, dans le monde, on commence par bafouer les libertés fondamentales de l'homme et son droit à l'égalité, on glisse rapidement vers le système concentrationnaire, et c'est une pente sur laquelle il est difficile de s'arrêter. Je connais beaucoup d'anciens déportés qui, ayant parfaitement compris quelle terrible leçon recelait leur expérience, retournent chaque année dans « leur » camp et y conduisent des jeunes en pèlerinage. Moi-même je le ferais volontiers si j'en avais le temps, et si je n'avais pas le sentiment

1. ***Lager*** désigne le camp, de concentration ou d'extermination.

que j'atteins le même but en écrivant des livres, et en acceptant de les commenter à mes jeunes lecteurs.

Primo Levi, *Si c'est un homme* (*Se questo è un uomo*, © Giulio Einaudi Editore S.p.A., Turin, 1958, 1976), trad. Martine Schruoffeneger, © Julliard, 1987, 1994 ; Robert Laffont, 1996, rééd. Pocket, 2001, p. 200-201.

Compréhension et analyse

1. Quelle différence l'auteur fait-il entre les rescapés de la Shoah ? Appuyez-vous sur les champs lexicaux.
2. Selon l'auteur, pourquoi est-il néanmoins nécessaire d'œuvrer à la transmission de la mémoire de la Shoah ?

■ Jorge Semprún, *L'Écriture ou la Vie* (1994)

Écrivain, homme politique et scénariste espagnol, Jorge Semprún (1923-2011) a écrit la majeure partie de son œuvre en langue française. Résistant lors de la guerre d'Espagne, il est déporté à Buchenwald en 1943, participe au soulèvement du camp et sera libéré et rapatrié en 1945. Après une tentative avortée pour rapporter ce qu'il a vécu, il lui paraît impossible d'écrire quoi que ce soit pendant vingt ans. Il témoigne finalement de son expérience dans *Le Grand Voyage* (1963) puis dans *L'Écriture ou la Vie* (1994), qui mêle récit autobiographique et réflexion sur la difficulté de raconter l'expérience des camps. L'écrivain relate ici une conversation avec la femme de lettres Claude-Edmonde Magny (1913-1966), à laquelle il s'adresse.

[Oublier la Shoah pour vivre ?]

« La chose que je voudrais plus que tout, c'est le repos. Pas seulement le repos physique, après une nuit blanche. Je suis un revenant inusable, me semble-t-il, un survivant à toute épreuve.

Je sais déjà avec quelle facilité je reprends des forces. Le repos physique est secondaire, tout compte fait. La chose que je voudrais plus que tout, c'est le repos spirituel.

« L'oubli, autrement dit.

– Je crois savoir... »

Elle attend une suite, qui ne vient pas.

« Je ne voudrais que l'oubli, rien d'autre. Je trouve injuste, presque indécent, d'avoir traversé dix-huit mois de Buchenwald sans une seule minute d'angoisse, sans un seul cauchemar, porté par une curiosité toujours renouvelée, soutenu par un appétit de vivre insatiable – quels que fussent, par ailleurs, la certitude de la mort, son expérience quotidienne, son vécu innommable et précieux –, pour me retrouver désormais, revenu de tout cela, mais en proie parfois à l'angoisse la plus nue, la plus insensée, puisque nourrie par la vie même, par la sérénité et les joies de la vie, autant que par le souvenir de la mort.

« Ainsi, cette nuit, ce qui m'a jeté hors du lit, ce qui m'a arraché aux bras d'Odile [1], ce n'est pas seulement le rêve où retentissait la voix d'un *Sturmführer* SS [2] ordonnant qu'on éteignît le crématoire, c'est aussi, davantage même, de me retrouver vivant, forcé d'assumer cet état absurde, improbable du moins, d'avoir à me projeter dans un avenir intolérable à imaginer, même dans le bonheur.

« J'avais regardé le corps d'Odile, sa beauté alanguie dans le sommeil, ses promesses toutes proches : un bonheur, une sorte de bonheur, je le savais. Mais c'était un savoir inutile, qui ne me donnait aucune assurance, qui ne m'ouvrait aucune issue.

« Tout recommencerait, après ce bonheur-là, ces mille bonheurs minimes et déchirants. Tout recommencerait tant que je serais vivant : revenant dans la vie, plutôt. Tant que je serais tenté d'écrire. Le bonheur de l'écriture, je commençais à le

1. Femme rencontrée et aimée à son retour du camp.

2. ***Sturmführer SS*** : lieutenant de la *Waffen-SS* (voir note 2, p. 33).

savoir, n'effaçait jamais ce malheur de la mémoire. Bien au contraire : il l'aiguisait, le creusait, le ravivait. Il le rendait insupportable.

« Seul l'oubli pourrait me sauver. »

Jorge Semprún, *L'Écriture ou la Vie*,
© Gallimard, coll. « Folio », 1996, p. 211-212.

Compréhension et analyse

1. Par quels procédés l'auteur oppose-t-il le monde des « vivants » à celui des « revenants » ?
2. En quoi l'écriture ravive-t-elle le souvenir de la Shoah ? Quelle issue est proposée ?

■ Elie Wiesel, *La Nuit* (1955)

Elie Wiesel est un écrivain et philosophe américain de confession juive. Il a reçu le prix Nobel de la paix pour l'ensemble de son œuvre. Déporté en 1944 à Auschwitz puis à Birkenau, il fait, dans *La Nuit*, le récit de cette expérience où il a perdu sa famille, sa dignité et a vécu l'horreur la plus complète. L'extrait suivant décrit l'atrocité du génocide, le besoin impérieux de dire l'indicible et les conséquences dramatiques et indélébiles d'un tel événement sur son identité.

[Jamais je n'oublierai]

Nous ne savions pas encore quelle direction était la bonne, celle de gauche ou celle de droite, quel chemin conduisait au bagne et lequel au crématoire. Cependant, je me sentais heureux : j'étais près de mon père. Notre procession continuait d'avancer, lentement.

Un autre détenu s'approcha de nous :

« Contents ?

– Oui, répondit quelqu'un.

– Malheureux, vous allez au crématoire. »

Il semblait dire la vérité. Non loin de nous, des flammes montaient d'une fosse, des flammes gigantesques. On y brûlait quelque chose. Un camion s'approcha du trou et y déversa sa charge : c'étaient des petits enfants. Des bébés ! Oui, je l'avais vu, de mes yeux vu… Des enfants dans les flammes. (Est-ce donc étonnant si depuis ce temps-là le sommeil fuit mes yeux ?)

Voilà donc où nous allions. Un peu plus loin se trouverait une autre fosse, plus grande, pour des adultes.

Je me pinçai le visage : vivais-je encore ? Étais-je éveillé ? Je n'arrivais pas à le croire. Comment était-il possible qu'on brûlât des hommes, des enfants et que le monde se tût ? Non, tout cela ne pouvait être vrai. Un cauchemar… J'allais bientôt m'éveiller en sursaut, le cœur battant et retrouver ma chambre d'enfant, mes livres…

La voix de mon père m'arracha à mes pensées :

« Dommage… Dommage que tu ne sois pas allé avec ta mère… J'ai vu beaucoup d'enfants de ton âge s'en aller avec leur mère… »

Sa voix était terriblement triste. Je compris qu'il ne voulait pas voir ce qu'on allait me faire. Il ne voulait pas voir brûler son fils unique.

Une sueur froide couvrait mon front. Mais je lui dis que je ne croyais pas qu'on brûlât des hommes à notre époque, que l'humanité ne l'aurait jamais toléré…

« L'humanité ? L'humanité ne s'intéresse pas à nous. Aujourd'hui, tout est permis. Tout est possible, même les fours crématoires… Sa voix s'étranglait.

– Père, lui dis-je, s'il en est ainsi, je ne veux plus attendre. J'irai vers les barbelés électrifiés. Cela vaut mieux qu'agoniser durant des heures dans les flammes. »

Il ne me répondit pas. Il pleurait. Son corps était secoué d'un tremblement. Autour de nous, tout le monde pleurait. Quelqu'un se mit à réciter le Kaddich, la prière des morts. Je ne sais pas s'il est déjà arrivé, dans la longue histoire du peuple juif, que les hommes récitent la prière des morts sur eux-mêmes.

« *Yitgadal veyitkadach chmé raba*... Que Son Nom soit grandi et sanctifié... murmurait mon père. » [...]

Jamais je n'oublierai cette nuit, la première nuit de camp qui a fait de ma vie une nuit longue et sept fois verrouillée.

Jamais je n'oublierai cette fumée.

Jamais je n'oublierai les petits visages des enfants dont j'avais vu les corps se transformer en volutes sous un azur muet.

Jamais je n'oublierai ces flammes qui consumèrent pour toujours ma Foi.

Jamais je n'oublierai ce silence nocturne qui m'a privé pour l'éternité du désir de vivre.

Jamais je n'oublierai ces instants qui assassinèrent mon Dieu et mon âme, et mes rêves qui prirent le visage du désert.

Jamais je n'oublierai cela, même si j'étais condamné à vivre aussi longtemps que Dieu lui-même. Jamais.

Elie Wiesel, *La Nuit*,

Compréhension et analyse

1. À quoi comprend-on que le héros enfant et le narrateur adulte ont du mal à croire à la réalité vécue ?
2. Par quels procédés l'auteur met-il en évidence l'impossibilité d'oublier un tel crime ? En quoi cette expérience l'a-t-elle transformé ?

■ Jean-Marie Lustiger, « La Mémoire de la Shoah » (2001)

Bien que converti au catholicisme, le cardinal Aron Jean-Marie Lustiger (1926-2007), dont la mère fut déportée à Auschwitz et y trouva la mort, ne renonça jamais à son identité juive. Membre de l'Académie française, il a œuvré pour apaiser et renforcer les relations judéo-catholiques. Dans l'article suivant, il explique que la transmission de l'histoire de la Shoah n'est pas à la hauteur du devoir de mémoire fixé. Peut-on accepter que meure l'« innommable » qui a ravagé une génération ?

[Souviens-toi...]

Le « devoir de mémoire » a été reçu comme un impératif absolu. Il s'appuie sur ce mot tant de fois répété dans la Torah : « Souviens-toi... » Il fallait que le monde sache quelle horreur avait été commise. Il fallait que les générations futures ne l'oublient jamais. À plus d'un demi-siècle de distance, nous pouvons mieux distinguer les deux registres complémentaires dans lesquels ce « devoir de mémoire » s'est exprimé.

Le premier est celui de l'histoire, au sens technique et scientifique du mot. Ce fut un énorme travail que de rassembler et conserver les témoignages, les documents, de les vérifier et de les recouper pour d'abord établir les faits de façon incontestable. Un immense labeur a été accompli, grâce à des institutions comme le Centre de documentation juive en France. Bien d'autres, notamment des universités, ont travaillé de leur côté, dans le monde entier. Elles ont trouvé ici, en Israël, particulièrement à Yad Vashem [1], un lieu de convergence et de centralisation irremplaçable et décisif. Ce travail fonde la seule réponse valable

1. ***Yad Vashem*** : monument de Jérusalem érigé en 1953, dédié à la mémoire des six millions de Juifs morts dans les camps nazis.

à l'entreprise de mensonge et de dissimulation commencée par les nazis, et poursuivie ou reprise par ce que l'on a appelé « les courants révisionnistes ». Tous ces travaux scientifiques ont permis d'élaborer des moyens de vulgarisation et de transmission, jusques et y compris par des œuvres cinématographiques ou des séries télévisées.

Le « devoir de mémoire » a ainsi engendré une sérieuse historiographie, sur laquelle peut s'appuyer l'enseignement. L'œuvre de Yad Layeled [1] représente une remarquable et originale expérience de transmission de la mémoire de la Shoah. Cependant, force est de constater que, dans la plupart des établissements scolaires, l'efficacité de la pédagogie usuelle est comparable à celle de tout enseignement de l'Histoire auprès d'une jeunesse davantage fascinée par les images du présent et d'un avenir virtuel, que par les récits de la réalité passée.

Il est un second registre, dont l'œuvre d'Elie Wiesel est sans doute le meilleur symbole : parmi ceux qui subirent directement ou indirectement le drame de la Shoah, certains ont écrit ou raconté quelque chose de ce que fut leur épreuve. Ces témoignages sont souvent arrachés, dans la douleur, à l'impossibilité ou au refus d'évoquer ces souvenirs et de parler. Permettez-moi de m'attarder sur l'expérience de ceux qui l'ont vécue comme victimes ou comme témoins. Et c'est à ce dernier titre que je parle.

Au lendemain de la guerre, il me semblait évident que tout homme civilisé savait ce qui s'était passé, comprenait ce qu'était cette Catastrophe, compatissait dans la honte au malheur dont nous ne voulions plus parler, et condamnait les coupables. Il me semblait que ces événements étaient désormais inscrits comme au fer rouge dans la conscience de l'humanité. Puis, dans les années qui suivirent, cette conviction s'est insensiblement fissurée.

1. ***Yad Layeled*** : musée et lieu de conférences dans un kibboutz au nord de Haïfa, en Israël.

L'horreur que je croyais connue de tous, beaucoup semblaient l'avoir ignorée. Ils ne savaient pas, ou ne savaient plus ; ils avaient déjà oublié, ou voulaient oublier. Ils n'avaient rien compris, ou rien voulu comprendre. Ils étaient mûrs pour être les complices d'une nouvelle entreprise d'anéantissement, si les circonstances s'en présentaient. […]

Ce qui s'est passé là-bas, à Auschwitz, lieu de nulle part, en ces années-là où le temps semblait à jamais figé hors de l'Histoire humaine, c'est précisément « l'innommable », le règne de ce qui n'a pas de nom, l'enfer. Là-bas, en ces années-là, c'était le règne du mensonge, de la mort, l'absence de nom. Le silence de la mort. Les nazis ne pouvaient nommer leurs crimes par leur nom. Ils avaient établi un langage simulé, un vocabulaire de substitution, pour désigner ce qu'ils osaient faire et ne pouvaient dire qu'en mentant. Oui, « l'innommable ». […]

« L'innommable » ne peut être dit, car ceux qui le vécurent jusqu'en l'ultime instant de leur vie ont été dévorés par la Bête. Ils sont morts et silencieux. Comme le sont devenus les témoins de leur mort et de leur silence. Et même les témoins des témoins disparaissent.

Ce que j'ai désigné sous le nom de « l'innommable », ce qui est impossible à nommer, c'est l'expérience de la Shoah, que ceux-là mêmes qui l'on vécue ont entourée de silence. Beaucoup ont choisi d'en épargner le fardeau à leurs enfants. Ils n'ont pas pour autant été complices du mensonge de ceux qui voulaient dissimuler leur propre crime. Ce qui est transmissible, c'est ce qui devient histoire et récit, et qui subit dans la mémoire des générations à venir le sort de toutes les chroniques et de tous les récits.

Faut-il donc accepter que les morts de la Shoah meurent une seconde fois avec la mémoire de ceux qui survécurent ? Ou plutôt que meure l'incommunicable expérience du néant qui a ravagé une génération ? Faut-il se résigner à la voir réduite à la mémoire historique des peuples qui s'appauvrit au gré de l'évolution de leur identité ?

Jean-Marie Lustiger, « La Mémoire de la Shoah »,
© *Études*, 2001, n° 394, p. 208-220.

Compréhension et analyse

1. Quels sont les deux registres dans lesquels s'est exercé le devoir de mémoire lié à la Shoah ?
2. Comment l'auteur explique-t-il le sentiment d'échec lié à cette transmission de mémoire ?

■ Yannick Haenel, *Jan Karski* (2009)

En 2009, l'écrivain français Yannick Haenel consacre un roman au résistant polonais Jan Karski (1914-2000), chargé de transmettre à l'Ouest des informations sur l'extermination des Juifs par le IIIe Reich. Cet extrait retranscrit de manière fictionnelle les sentiments du résistant et certains de ses dialogues. Hanté par ses souvenirs de l'extermination et par l'absence de réaction de ceux à qui il confia son récit, le héros appelle au devoir de dire et de transmettre inlassablement aux générations futures afin qu'elles comprennent, se souviennent et ne reproduisent pas l'horreur.

[Oublier, c'est tuer]

D'un côté il y avait l'extermination, et de l'autre l'abandon – rien d'autre à espérer. C'était le programme du monde à venir, et ce monde, effectivement, est venu : tous nous avons subi cet abandon, nous le subissons encore. C'est ainsi qu'il m'est devenu absolument impossible de dormir : depuis le 28 juillet 1943, c'est-à-dire depuis plus de cinquante ans, je n'ai pas trouvé le sommeil.

S'il m'est impossible de dormir, c'est parce que la nuit j'entends la voix des deux hommes du ghetto de Varsovie ; chaque nuit, j'entends leur message, il se récite dans ma tête. Personne n'a voulu entendre ce message, c'est pourquoi il n'en finit plus, depuis cinquante ans, d'occuper mes nuits. C'est un véritable tourment de vivre avec un message qui n'a jamais été délivré, il y a de quoi devenir fou. Ainsi les nuits blanches s'ouvrent-elles pour lui, elles l'accueillent. J'ai passé plus de la moitié de ma vie à penser à la Pologne, au ghetto de Varsovie, aux deux hommes qui m'ont chargé d'un message que personne n'a voulu entendre. J'ai passé mes nuits à penser à ces deux hommes, et à tous les hommes qu'ils représentaient, à ce message qui continuait à vivre en moi alors qu'ils étaient morts exterminés ; c'est ainsi que la nuit blanche s'est ouverte. Lorsqu'une fois dans sa vie on a été porteur d'un message, on l'est pour toujours. […] À force, j'ai compris qu'il y avait quelque chose d'intransmissible dans ce message, quelque chose qu'on ne pouvait pas entendre, et qui peut-être ne sera jamais entendu. Parfois je pense qu'il était impossible qu'on entende ce que j'avais à dire : personne ne peut entendre qu'on massacre ainsi une partie du monde, et pourtant tout le monde le sait. Tout le monde sait qu'une partie du monde massacre l'autre, et pourtant il est impossible de le faire entendre. Et puis le temps que je porte en Amérique le message du ghetto de Varsovie, il n'y avait plus de ghetto de Varsovie. Le temps que je porte ce message aux Alliés, ceux qui me l'avaient transmis étaient morts. Est-ce qu'il n'a pas toujours été trop tard ? À l'intérieur de cette nuit blanche qui s'est ouverte dans ma vie, je veille : je consacre mon temps à refuser l'idée qu'il est trop tard. Car avec la parole, le temps revient. J'ai parlé, on ne m'a pas écouté ; je continue à parler, et peut-être m'écouterez-vous : peut-être entendrez-vous ce qu'il y a dans mes paroles, et qui vient de plus loin que ma voix ; peut-être que dans ce message qu'on m'a transmis il y a plus de cinquante ans, quelque chose résiste au temps, et même à l'extermination ; peut-être, à l'intérieur de ce message, y a-t-il *un autre message*. C'est pourquoi je continue, chaque nuit, à me consacrer à ces phrases. Et si je vous parle de ma vie, c'est avant tout de ces phrases que je parle – de la manière dont elles ont donné forme à mon existence, dont elles m'ont fait naître une seconde fois. Moi, Jan Karski, né en 1914 à Łódź, en Pologne, dans la pire ville du pire pays au monde, un pays mal-aimé, maltraité, je n'oublie pas, je continue obstinément à *ne pas* oublier. [...] Vers deux ou trois heures du matin, ça commence ; les noms arrivent sur mes lèvres – ils déferlent. D'abord, le nom des ghettos : celui de Łódź, celui de Cracovie, de Varsovie, de Lublin, celui de Kielce, de Radom, de Czestochowa, de Bialystok [1] ; les lignes de chemin de fer s'ouvrent alors dans ma tête, elles y creusent des galeries à travers lesquelles j'entends les bruits de l'hiver 1942, celui des trains qui roulent en direction d'Auschwitz-Birkenau, de Majdanek, de Treblinka, de Sobibór, de Bełzec, de Chełmno [2]. J'entends les bruits de la déportation, la plainte des hommes, des femmes et des enfants pressés les uns contre les autres, dans des wagons où l'odeur de merde et de pisse annonce celle de la mort ; je les entends mourir, la mort grimpe sur eux comme un chien affamé qui me saute à la gorge. Je sors du lit, et me dirige vers le salon. Ma femme dort profondément ; même avec la lumière, elle dort. Elle sait que vers trois heures, chaque nuit, j'ai rendez-vous avec mes fantômes, comme elle dit, et qu'il n'y a rien d'autre à faire qu'à répondre à l'appel de ces fantômes. Impossible de se soustraire à ces voix qui sont mortes : non seulement ce serait injuste, mais ce serait comme de les tuer une nouvelle fois. Après tout, écouter chaque nuit la voix des morts est une façon de les faire revivre.

Yannick Haenel, *Jan Karski*,
© Gallimard, coll. « L'infini », 2009, p. 118-121.

---

1. Les ghettos regroupaient au sein des villes polonaises citées les habitants de confession juive.
2. Camps d'extermination situés en Pologne.

Compréhension et analyse

1. Pour quelles raisons le héros ne peut-il et ne veut-il pas oublier ?
2. Comment comprenez-vous la phrase de Jan Karski : « Peut-être à l'intérieur de ce message, y a-t-il un autre message » ?

3. La mémoire peut-elle demeurer vive ?

« Un homme sans mémoire est un homme sans vie,
un peuple sans mémoire est un peuple sans avenir[1]. »

La difficile transmission de l'histoire de la Shoah met en lumière une question essentielle : quand le passé est trop lourd à porter, ne peut-on vouloir l'oublier pour avancer et se construire un avenir ? Massacre perpétré par les Khmers rouges[2], guerre d'Algérie, génocide arménien... les sentiments divergent sur la nécessité de raviver ces souvenirs dans les esprits. Un devoir d'oubli – pendant négatif d'un devoir de mémoire – est-il souhaitable pour les sociétés ? Peut-il être une exigence morale pour les individus ? L'existence, depuis l'Antiquité, du principe d'amnistie – une forme d'oubli officialisée –, en est l'expression. Pourtant, l'inscription dans le droit du caractère imprescriptible des crimes contre l'humanité à Nuremberg va bien à l'encontre de cette idée. Si l'on mesure aisément les risques qu'il y aurait à faire table rase du passé et à oblitérer certains passages de notre histoire, comment faire pour associer mémoire et dynamique de progrès ?
S'interrogeant sur le bien-fondé de la grâce et de l'amnistie, Paul Ricœur semble leur préférer un travail sur la mémoire elle-même,

1. Maréchal Foch (1851-1929).
2. ***Khmers rouges*** est le surnom donné à un mouvement politique et militaire qui a dirigé le Cambodge de 1975 à 1979.

précisément pour que le passé serve le présent (ci-dessous). Dérives négationnistes, récriture de l'histoire, soutien à certains totalitarismes... Orwell livre une fiction visionnaire sur les conséquences qui seraient celle d'une pratique de l'oubli généralisé (p. 148). Parce que cet exemple souligne les liens étroits qui s'établissent entre manipulation de la mémoire et asservissement des peuples, il est indispensable que ces derniers se saisissent du passé, comme l'explique l'historien Jacques Le Goff (p. 151). De ce point de vue, selon Michel Onfray, notre rapport au passé a changé depuis le procès de Nuremberg : on a pris conscience qu'il doit servir au présent et permettre d'avancer (p. 154) – le souvenir et la transmission étant les seuls remparts contre la barbarie humaine, comme l'illustrent la fin du roman *Farenheit 451* (p. 156) et la récriture, et sa reprise sur scène, du combat d'Antigone dans *Le Quatrième Mur* de Sorj Chalandon (p. 159).

■ Paul Ricœur, *La Mémoire, l'Histoire, l'Oubli* (2000)

Dans *La Mémoire, l'Histoire, l'Oubli*, le philosophe Paul Ricœur (1913-2005) critique le devoir de mémoire et propose un véritable « travail de deuil » collectif, permettant d'accepter sereinement les événements pour leur octroyer un sens. Dans l'extrait suivant, il s'interroge sur la place et les fonctions de la grâce et de l'amnistie dans nos sociétés, vues comme des formes institutionnalisées d'amnésie collective. Cet oubli sur commande, s'il a bien pour finalité d'assurer une paix civique, est néanmoins source de rancœurs et tend à effacer un passé utile au présent.

[Un oubli sur commande ?]

Les abus de mémoire placés sous le signe de la mémoire obligée, commandée, ont-ils leur parallèle et leur complément dans des abus d'oubli ? Oui, sous des formes institutionnelles d'oubli dont la frontière avec l'amnésie est aisée à franchir : il s'agit principalement de l'amnistie et de façon plus marginale du droit de grâce, appelé aussi de grâce amnistiante. La frontière entre oubli et pardon est insidieusement franchie dans la mesure où ces deux dispositions ont affaire à des poursuites judiciaires et à l'imposition de la peine ; or la question du pardon se pose là où il y a accusation, condamnation et punition ; aussi bien les lois traitant de l'amnistie la désignent-elles comme une sorte de pardon. [...]

Le droit de grâce est un privilège régalien [1] qui n'est mis en œuvre que périodiquement à la discrétion [2] du chef de l'État. C'est le résidu d'un droit quasi divin attaché à la souveraineté subjective du prince et justifié à l'époque du théologico-politique par l'onction religieuse qui couronnait le pouvoir de coercition [3] du prince. [...]

De toute autre portée est l'amnistie. D'abord, elle conclut de graves désordres politiques affectant la paix civile – guerres civiles, épisodes révolutionnaires, changements violents de régimes politiques –, violence que l'amnistie est censée interrompre. Outre ces circonstances extraordinaires, l'amnistie se distingue par l'instance qui l'instaure : le Parlement aujourd'hui en France. Considérée quant à son contenu, elle vise une catégorie de délits et de crimes commis de part et d'autre durant la période séditieuse [4]. À cet égard, elle opère comme une sorte de prescription [5] sélective et ponctuelle qui laisse hors de son champ certaines catégories de délinquants. Mais l'amnistie, en tant qu'oubli institutionnel, touche aux racines mêmes du politique et, à travers celui-ci, au rapport le plus profond et le plus

---

1. ***Régalien*** : se dit d'un droit attaché à la royauté.
2. ***À la discrétion*** : selon le bon vouloir.
3. ***Coercition*** : contrainte, pression.
4. ***Séditieuse*** : d'agitation.
5. ***Prescription*** : loi.

dissimulé avec un passé frappé d'interdit. La proximité plus que phonétique, voire sémantique, entre amnistie et amnésie signale l'existence d'un pacte secret avec le déni de mémoire qui […] l'éloigne en vérité du pardon après en avoir proposé la simulation.

Il est certes utile – c'est le mot juste – de rappeler que tout le monde a commis des crimes, de mettre une limite à la revanche des vainqueurs et d'éviter d'ajouter les excès de la justice à ceux du combat. Plus que tout, il est utile, comme au temps des Grecs et des Romains, de réaffirmer l'unité nationale par une cérémonie de langage, prolongée par le cérémonial des hymnes et des célébrations publiques. Mais le défaut de cette unité imaginaire n'est-il pas d'effacer de la mémoire officielle les exemples de crimes susceptibles de protéger l'avenir des erreurs du passé et, en privant l'opinion publique des bienfaits du *dissensus* [1], de condamner les mémoires concurrentes à une vie souterraine malsaine ?

En côtoyant ainsi l'amnésie, l'amnistie place le rapport au passé hors du champ où la problématique du pardon trouverait avec le *dissensus* sa juste place.

Qu'en est-il dès lors du prétendu devoir d'oubli ? Outre qu'une projection dans le futur sur le mode impératif est aussi incongrue pour l'oubli que pour la mémoire, un tel commandement équivaudrait à une amnésie commandée. Si celle-ci pouvait aboutir – et malheureusement rien ne fait obstacle au franchissement de la mince ligne de démarcation entre amnistie et amnésie –, la mémoire privée et collective serait privée de la salutaire crise d'identité permettant une réappropriation lucide du passé et de sa charge traumatique. En deçà de cette épreuve, l'institution de l'amnistie ne peut répondre qu'à un dessein de thérapie sociale d'urgence, sous le signe de l'utilité, non de la vérité. Je dirai […] comment peut être préservée dans son intégrité la

1. ***Dissensus*** : divergence d'opinions, désaccord.

frontière entre amnistie et amnésie à la faveur du travail de mémoire, complété par celui du deuil, et guidé par l'esprit de pardon. Si une forme d'oubli pourra alors être légitimement évoquée, ce ne sera pas un devoir de taire le mal, mais de le dire sur un mode apaisé, sans colère. Cette diction ne sera pas non plus celle d'un commandement, d'un ordre, mais d'un vœu sur le mode optatif [1].

Paul Ricœur, *La Mémoire, l'Histoire, l'Oubli*,

Compréhension et analyse

1. Selon l'auteur, quels sont les avantages et les inconvénients de l'amnistie ?
2. Quelle est l'alternative proposée ?

■ George Orwell, *1984* (1949)

Dans son roman *1984*, George Orwell (1903-1950) peint une terrifiante société antilibertaire et totalitaire. Dans ce monde, l'histoire, oblitérée, falsifiée et récrite, est devenue un véritable palimpseste [2], et les générations ne vivent que dans le temps présent. Sans leçons du passé et sans mémoire, le totalitarisme peut alors s'installer sereinement, n'ayant à craindre aucune comparaison et, partant, aucune critique. Le héros du roman, Winston, officie au ministère de la Vérité où il est chargé de remanier les archives historiques afin de faire correspondre le passé à la version officielle du Parti. Mais habité par des opinions contestataires, il lui est arrivé de conserver des traces écrites du passé véritable dans l'intention de récrire un jour la « vraie » histoire. Dans cette société où même

---

1. ***Optatif*** : qui exprime le souhait.
2. ***Palimpseste*** : support sur lequel on écrit et qui peut être effacé, donc récrit.

l'amour est programmé et ordonné, il tombe amoureux d'une jeune femme, Julia, et, après avoir passé une nuit avec elle, évoque les manipulations de l'histoire instiguées par le Parti.

[Un présent sans passé]

Elle croyait, par exemple, l'ayant appris à l'école, que le Parti avait inventé les aéroplanes. Winston se souvenait qu'à l'époque où il était, lui, à l'école, vers 1958-59, c'était seulement l'hélicoptère que le Parti prétendait avoir inventé. Une douzaine d'années plus tard, pendant les années de classe de Julia, il prétendait déjà avoir inventé l'aéroplane. Dans une génération, il s'attribuerait l'invention des machines à vapeur. Et quand il lui dit que les aéroplanes existaient avant qu'il fût né et longtemps avant la Révolution, elle trouva le fait sans intérêt aucun. Après tout, quelle importance cela avait-il que ce fût celui-ci ou celui-là qui ait inventé les aéroplanes ?

Ce fut plutôt un choc pour Winston de découvrir, à propos d'une remarque faite par hasard, qu'elle ne se souvenait pas que l'Océania [1], il y avait quatre ans, était en guerre contre l'Estasia et en paix avec l'Eurasia. Il est vrai qu'elle considérait toute la guerre comme une comédie. Mais elle n'avait apparemment même pas remarqué que le nom de l'ennemi avait changé.

« Je croyais que nous avions toujours été en guerre contre l'Eurasia », dit-elle vaguement.

Winston en fut un peu effrayé. L'invention des aéroplanes était de beaucoup antérieure à sa naissance, mais le nouvel aiguillage donné à la guerre datait de quatre ans seulement, bien après qu'elle eût grandi. Il discuta à ce sujet avec elle pendant peut-être un quart d'heure. À la fin, il réussit à l'obliger à creuser

1. Dans le monde de *1984*, trois « blocs » se partagent la planète depuis les conflits nucléaires de 1950 : l'Océania, l'Eurasia et l'Estasia, en guerre perpétuelle les uns contre les autres.

sa mémoire jusqu'à ce qu'elle se souvînt confusément qu'à une époque c'était l'Estasia et non l'Eurasia qui était l'ennemi. Mais la conclusion lui parut encore sans importance.

« Qui s'en soucie ? dit-elle avec impatience. C'est toujours une sale guerre après une autre et on sait que, de toute façon, les nouvelles sont toujours fausses. »

Il lui parlait parfois du Commissariat aux Archives et des impudentes falsifications qui s'y perpétraient. De telles pratiques ne semblaient pas l'horrifier. Elle ne sentait pas l'abîme s'ouvrir sous ses pieds à la pensée que des mensonges devenaient des vérités. [...]

« Te rends-tu compte que le passé a été aboli jusqu'à hier ? S'il survit quelque part, c'est dans quelques objets auxquels n'est attaché aucun mot, comme ce bloc de verre sur la table. Déjà, nous ne savons littéralement presque rien de la Révolution et des années qui la précédèrent. Tous les documents ont été détruits ou falsifiés, tous les livres récrits, tous les tableaux repeints. Toutes les statues, les rues, les édifices, ont changé de nom, toutes les dates ont été modifiées. Et le processus continue tous les jours, à chaque minute. L'histoire s'est arrêtée. Rien n'existe qu'un présent éternel dans lequel le Parti a toujours raison. Je sais naturellement que le passé est falsifié, mais il me serait impossible de le prouver, alors même que j'ai personnellement procédé à la falsification. La chose faite, aucune preuve ne subsiste. La seule preuve est à l'intérieur de mon cerveau et je n'ai aucune certitude qu'un autre être humain quelconque partage mes souvenirs. De toute ma vie, il ne m'est arrivé qu'une seule fois de tenir la preuve réelle et concrète. Des années après.

– Et à quoi cela t'avançait-il ?

– À rien, parce que quelques minutes plus tard j'ai jeté le papier. Mais aujourd'hui, si le cas se reproduisait, je garderais le papier.

– Eh bien, pas moi, répondit Julia. Je suis prête à courir des risques, mais pour quelque chose qui en vaut la peine, pas pour des bouts de vieux journaux. Qu'en aurais-tu fait, même si tu l'avais gardé ?

– Pas grand-chose, peut-être, mais c'était une preuve. Elle aurait pu implanter quelques doutes çà et là si j'avais osé la montrer. Je ne pense pas que nous puissions changer quoi que ce soit pendant notre existence. Mais on peut imaginer que de petits nœuds de résistance puissent jaillir çà et là, de petits groupes de gens qui se ligueraient et dont le nombre augmenterait peu à peu. Ils pourraient même laisser après eux quelques documents pour que la génération suivante reprenne leur action au point où ils l'auraient laissée.

– La prochaine génération ne m'intéresse pas, chéri. Ce qui m'intéresse, c'est nous. »

George Orwell, *1984*, trad. Amélie Audiberti,
© Gallimard, coll. « Folio », 2013, p. 206-208.

Compréhension et analyse

1. En quoi cet extrait dénonce-t-il les abus de la mémoire et la récriture de l'histoire ?
2. Peut-on y voir une mise en garde pour la jeunesse ? Justifiez votre réponse.

■ Jacques Le Goff, *Histoire et Mémoire* (1977)

Jacques Le Goff (1924-2014) est un historien médiéviste français. Dans son essai *Histoire et Mémoire*, il explique que la mémoire collective a toujours été un enjeu de pouvoir pour les sociétés. Le pouvoir politique peut vouloir manipuler celle-ci pour l'utiliser à ses fins ; c'est aux historiens de veiller à ce que, bien retranscrite, la mémoire collective puisse servir à libérer et non à asservir l'homme.

[Sauver le passé pour servir le présent]

L'évolution des sociétés du second XXe siècle éclaire l'importance de l'enjeu que représente la mémoire collective. Débordant l'histoire comme science et comme culte public, à la fois en amont en tant que réservoir (mouvant) de l'histoire, riche d'archives et de documents/monuments, et en aval, écho sonore (et vivant) du travail historique, la mémoire collective fait partie des gros enjeux des sociétés développées et des sociétés en voie de développement, des classes dominantes et des classes dominées, luttant toutes pour le pouvoir ou pour la vie, pour la survie et pour la promotion.

La mémoire est un élément essentiel de ce qu'on appelle désormais l'*identité* individuelle ou collective, dont la quête est une des activités fondamentales des individus et des sociétés d'aujourd'hui, dans la fièvre et l'angoisse. Mais la mémoire collective est non seulement une conquête, c'est un instrument et un objectif de puissance. Ce sont les sociétés dont la mémoire sociale est surtout orale ou qui sont en train de se constituer une mémoire collective écrite qui permettent le mieux de saisir cette lutte pour la domination du souvenir et de la tradition, cette manipulation de la mémoire.

Le cas de l'historiographie [1] étrusque est peut-être l'illustration d'une mémoire collective si étroitement liée à une classe sociale dominante que l'identification de cette classe avec la nation a entraîné l'absence de mémoire quand la nation a disparu : « Nous ne connaissons les Étrusques [2], sur le plan littéraire, que par l'intermédiaire des Grecs et des Romains : aucune relation historique, en admettant qu'il en ait existé, ne nous est parvenue. Peut-être leurs traditions historiques ou parahistoriques

1. ***Historiographie*** : écriture de l'histoire.
2. Les Étrusques vivaient en péninsule italienne depuis – 2650 environ et furent déclarés citoyens romains au Ier siècle av. J.-C.

nationales ont-elles disparu avec l'aristocratie qui paraît avoir été le dépositaire du patrimoine moral, juridique et religieux de leur nation. Quand celle-ci cessa d'exister en tant que nation autonome, les Étrusques perdirent, semble-t-il, la conscience de leur passé, c'est-à-dire d'eux-mêmes [1]. » [...]

Dans les sociétés développées, les nouvelles archives, archives orales, archives de l'audiovisuel, n'ont pas échappé à la vigilance des gouvernants, même s'ils ne peuvent contrôler cette mémoire aussi étroitement que les nouveaux outils de production de cette mémoire, la radio et la télévision notamment.

Il incombe, en effet, aux professionnels scientifiques de la mémoire, anthropologues, historiens, journalistes, sociologues, de faire de la lutte pour la démocratisation de la mémoire sociale un des impératifs prioritaires de leur objectivité scientifique. S'inspirant de Terence O. Ranger [2] (1977) qui a dénoncé la subordination de l'anthropologie africaine traditionnelle aux sources « élitistes » et notamment aux « généalogies » manipulées par les clans dominants, Alessandro Triulzi (1977) a appelé à la recherche de la mémoire de l'« homme commun » africain. Il a souhaité le recours, en Afrique, comme en Europe, « aux souvenirs familiaux, aux histoires locales, aux histoires de clans, de familles, de villages, aux souvenirs personnels, à tout ce vaste complexe de connaissances non officielles, non institutionnalisées, qui ne se sont pas encore cristallisées en traditions formelles et qui représentent en quelque sorte la conscience collective de groupes entiers (familles, villages) ou d'individus (souvenirs et expériences personnelles) faisant contrepoids à une connaissance privatisée et monopolisée par des groupes précis pour la défense d'intérêts constitués ».

La mémoire, où puise l'histoire qui l'alimente à son tour, ne cherche à sauver le passé que pour servir au présent et à l'avenir.

---

1. G. Mansuelli, *Les Civilisations de l'Europe ancienne*, Arthaud, 1967, p. 139-140. (*Note de l'auteur.*)

2. ***Terence O. Ranger*, *Alessandro Triulzi*** : historiens.

Faisons en sorte que la mémoire collective serve à la libération et non à l'asservissement des hommes.

Jacques Le Goff, *Histoire et Mémoire*,

Compréhension et analyse

1. Trouvez trois arguments qui expliquent que la mémoire collective est un enjeu premier pour les sociétés.
2. En quoi le travail de l'historien s'oppose-t-il aux instances traditionnelles pour recueillir la mémoire collective ?

■ Michel Onfray, *Antimanuel de philosophie* (2001)

Dans son *Antimanuel de philosophie*, Michel Onfray (né en 1959) intitule un chapitre consacré à l'histoire : « Croyez-vous utile de juger d'anciens nazis presque centenaires ? » Il y explique pourquoi les crimes contre l'humanité, imprescriptibles [1], sont impardonnables, et la nécessité de mettre en procès les criminels nazis afin que l'histoire passée serve au présent et que l'on en tire des leçons.

[Pour mémoire]

Dans ce cas de figure, quel besoin d'un procès ? À quoi bon mettre en route la justice, convoquer des tribunaux, écouter des plaignants et entendre la plaidoirie d'avocats acharnés à défendre des causes indéfendables ? Pour la mémoire, afin que l'histoire passée serve au présent et produise des effets bénéfiques et positifs sur l'histoire future. Pour extraire des leçons,

1. ***Imprescriptibles*** : voir note 3, p. 129.

tirer des conclusions, savoir se méfier des causes qui produisent toujours les mêmes effets dans l'histoire. Pour manifester une fidélité, pour ne pas oublier les morts, ne pas faire son deuil de ces millions de disparus, pour construire une vigilance.

Bien sûr, l'histoire ne se répète jamais deux fois de manière semblable. Un événement ne réapparaît pas sous la même forme, avec les mêmes hommes. Mais les conditions de production d'une monstruosité, l'enclenchement des causalités, la connaissance de généalogies singulières d'effets particuliers, tout cela permet de conclure à l'existence de lois historiques, de mécanismes semblables à ceux de la physique : lorsque l'on met en présence tels éléments on obtient telle réaction – ainsi du rôle de la misère, de la pauvreté, de l'humiliation, du ressentiment, du déshonneur, de la perte de dignité, ainsi des logiques de victimisation, d'élection d'un bouc émissaire, de la violence fondatrice, ou des aspirations au messianisme (un avenir radieux annoncé comme une promesse), tout cela travaille le réel en produisant à chaque fois des schémas relativement identiques.

La mémoire du passé rend possible une philosophie de l'histoire, une conception du monde, une lucidité sur la façon dont s'écrivent les faits, certes, mais aussi sur celle dont les hommes racontent, réduisent, pensent ou imaginent les événements.

Michel Onfray, *Antimanuel de philosophie*,
© Bréal (www.editions-breal.fr), 2001, p. 197-198.

Compréhension et analyse

1. Selon l'auteur, pourquoi est-il important de se souvenir du passé ?
2. Que nous apprend le passé sur le présent à l'échelle collective ?

■ Ray Bradbury, *Fahrenheit 451* (1953)

Ray Bradbury (1920-2012) est un auteur américain de nouvelles et de romans d'anticipation. *Fahrenheit 451*[1] présente une société ayant décidé d'éliminer tous les livres en les brûlant systématiquement. Au terme d'une lente prise de conscience des totalitarismes et de la pauvreté humaine qui s'installent quand ces vecteurs de savoir et de réflexion disparaissent, le héros Montag entre dans le mouvement de résistance. Celui-ci a choisi d'apprendre les livres par cœur pour en conserver le souvenir et pouvoir transmettre aux générations futures ce qui fait partie de son histoire.

« Chacun avait un livre dont il voulait se souvenir »

« Vous croyez vraiment qu'on vous écoutera ?

– Dans le cas contraire, il ne nous restera plus qu'à attendre. Nous transmettrons les livres à nos enfants, oralement, et les laisserons rendre à leur tour ce service aux autres. Beaucoup de choses seront perdues, naturellement. Mais on ne peut pas *forcer* les gens à écouter. Il faut qu'ils changent d'avis à leur heure, quand ils se demanderont ce qui s'est passé et pourquoi le monde a explosé sous leurs pieds. Ça ne peut pas durer éternellement.

– Combien êtes-vous en tout ?

– Des milliers sur les routes, les voies ferrées désaffectées, à l'heure où je vous parle, clochards au-dehors, bibliothèques au-dedans. Rien n'a été prémédité. Chacun avait un livre dont il voulait se souvenir, et y a réussi. Puis, durant une période d'une vingtaine d'années, nous nous sommes rencontrés au cours de nos pérégrinations[2], nous avons constitué notre vague réseau et

1. ***Fahrenheit 451*** : température à laquelle le papier s'enflamme et se consume.
2. ***Pérégrinations*** : longs voyages.

élaboré un plan. La seule chose vraiment importante qu'il nous a fallu nous enfoncer dans le crâne, c'est que nous n'avions aucune importance, que nous ne devions pas être pédants [1] ; pas question de se croire supérieur à qui que ce soit. Nous ne sommes que des couvre-livres, rien d'autre. Certains d'entre nous habitent des petites villes. Le chapitre I du *Walden* de Thoreau [2] vit à Green River, le chapitre II à Willow Farm, dans le Maine. Tenez, il y a un patelin dans le Maryland, seulement vingt-sept habitants, aucune bombe n'y tombera jamais, qui constituent les essais complets d'un certain Bertrand Russell [3]. Prenez cette bourgade, à peu de chose près, et tournez les pages, tant de pages par habitant. Et quand la guerre sera finie, un jour, une année viendra où l'on pourra récrire les livres ; les gens seront convoqués, un par un, pour réciter ce qu'ils savent, et on composera tout ça pour le faire imprimer, jusqu'à ce que survienne un nouvel âge des ténèbres qui nous obligera peut-être à tout reprendre à zéro. Mais c'est ce que l'homme a de merveilleux ; il ne se laisse jamais gagner par le découragement ou le dégoût au point de renoncer à se remettre au travail, car il sait très bien que c'est important et que ça en vaut vraiment la peine. [...] »

Granger regardait fixement le feu.

« Le phénix

– Quoi ?

– Il y avait autrefois, bien avant le Christ, une espèce d'oiseau stupide appelé le phénix. Tous les cent ans, il dressait

1. ***Pédants*** : prétentieux.

2. ***Henry David Thoreau*** (1817-1862) est un essayiste, enseignant, philosophe et poète américain. À l'origine du concept contemporain de « non-violence », il expose dans *Walden ou la Vie dans les bois* (1854) ses réflexions sur la vie loin de toute société.

3. ***Bertrand Russell*** (1872-1970) est un mathématicien, logicien, philosophe et moraliste britannique. Considéré comme l'un des plus grands philosophes du XXe siècle, Russell a fondé la logique contemporaine, soutenu l'idée d'une philosophie scientifique, et s'est engagé au nom d'idées socialistes et d'idéaux libertaires, tout en dénonçant les ravages de l'ignorance.

un bûcher et s'y immolait. Ce devait être le premier cousin de l'homme. Mais chaque fois qu'il se brûlait, il resurgissait de ses cendres, renaissait à la vie. Et on dirait que nous sommes en train d'en faire autant, sans arrêt, mais avec un méchant avantage sur le phénix. Nous avons conscience de l'énorme bêtise que nous venons de faire. Conscience de toutes les bêtises que nous avons faites durant un millier d'années, et tant que nous en aurons conscience et qu'il y aura autour de nous de quoi nous les rappeler, nous cesserons un jour de dresser ces maudits bûchers funéraires pour nous jeter dedans. À chaque génération, nous trouvons un peu plus de monde qui se souvient. »

Il retira la poêle du feu et, après avoir laissé le lard refroidir, tous se mirent à manger, lentement, pensivement.

« Et maintenant, en route, dit Granger [1]. Et gardez toujours cette idée en tête : vous n'avez aucune importance. Vous n'êtes rien du tout. Un jour, il se peut que ce que nous transportons rende service à quelqu'un. Mais même quand nous avions accès aux livres, nous n'avons pas su en profiter. Nous avons continué à insulter les morts. Nous avons continué à cracher sur les tombes de tous les malheureux morts avant nous. Nous allons rencontrer des tas de gens isolés dans la semaine, le mois, l'année à venir. Et quand ils demanderont ce que nous faisons, vous pourrez répondre : Nous nous souvenons. C'est comme ça que nous finirons par gagner la partie. Et un jour nous nous souviendrons si bien que nous construirons la plus grande pelle mécanique de l'histoire, que nous creuserons la plus grande tombe de tous les temps et que nous y enterrerons la guerre. Allez, pour commencer, nous allons construire une miroiterie et ne produire que des miroirs pendant un an pour nous regarder longuement dedans. »

Ray Bradbury, *Fahrenheit 451*, trad. Jacques Chambon et Henri Robillot,

rééd. coll. « Folio SF », 2000, p. 198-199 et 210-211.

1. ***Granger*** : dans le roman, chef des résistants.

Compréhension et analyse

1. En quoi l'auteur exploite-t-il l'idée que l'homme est dépositaire de mémoire ?
2. Pourquoi dire du souvenir qu'il peut un jour « enterrer la guerre » ? Qu'en pensez-vous ?

■ Sorj Chalandon, *Le Quatrième Mur* (2013)

Journaliste et écrivain né en 1952, Sorj Chalandon reçoit le prix Goncourt des lycéens en 2013 pour son roman *Le Quatrième Mur*. Dans cette œuvre, le héros Georges tente d'accomplir le rêve de son ami Sam, un Grec de confession juive : monter *Antigone* d'Anouilh en plein conflit libanais [1] en 1982-1983 avec des acteurs de toutes les nationalités et de toutes religions. Le massacre de Sabra et Chatila puis la guerre à Beyrouth mettront toutefois fin au rêve de Georges ; tous les comédiens mourront. Le dernier chapitre du roman se passe le 27 octobre 1983 à Tripoli, au nord du Liban, où sont réfugiés les combattants fidèles à Yasser Arafat. Encerclés par les Syriens, Georges, son chauffeur et des combattants palestiniens se réfugient dans des ruines. L'*excipit* [2] tragique met en relief la réflexion portée par le roman, qui était déjà en partie celle de Jean Anouilh en 1944 lorsqu'il reprit le mythe et la pièce de Sophocle : le passé, l'histoire et sa transmission éclairent toujours le présent, l'histoire étant un éternel recommencement. Après Anouilh, Sorj Chalandon, invite à se souvenir du prix et de la valeur de la résistance à l'oppression.

---

1. ***Le conflit libanais*** : guerre civile qui a déchiré le Liban de 1975 à 1990. Extrêmement complexe, celle-ci a tout d'abord opposé les Palestiniens aux Phalanges libanaises (conservateurs chrétiens) avant de faire entrer dans le jeu l'OLP (Organisation de libération de la Palestine), la Syrie et Israël. À la suite de l'assassinat d'un chef de milice chrétien, Israël autorise les phalangistes à entrer dans le camp de réfugiés palestiniens où ils massacrent 1 500 personnes ; c'est le massacre de Sabra et Chatila, en septembre 1982.
2. ***Excipit*** : fin du roman.

[Rester et résister]

Il a jeté un ordre bref. Le même claquement de culasse, partout dans l'obscurité. Et puis il s'est mis à prier, à genoux, mains ouvertes. Deux Palestiniens ont tenté une sortie, seuls. Le premier est tombé à la porte, recouvrant le corps de Marwan [1]. Le second est revenu se mettre à couvert.

J'ai sorti la terre de Jaffa [2] de mon sac.

« D'où viens-tu ? ai-je demandé au vieux combattant.

– De Jordanie en juillet 1971.

– Mais avant ?

– Ma maison, tu veux dire ? »

J'ai hoché la tête. Il a souri. Il a allumé une autre cigarette.

« Bethléem. »

J'ai ouvert la bourse dorée d'Imane [3].

« Ouvre ta main. »

Le vieil homme a hésité un instant, puis offert sa paume sans me quitter des yeux. J'ai versé la poussière au creux de ses rides noires. Il a levé la tête, m'a regardé.

« Qu'est-ce que c'est ?

– La terre de Palestine. »

Il a eu l'air étonné. M'a regardé encore. Il a serré le poing. J'avais mal. De la fièvre. Tout mon corps m'élançait. Un homme est sorti. Il est tombé. Un autre. Encore un. Tir de mitrailleuse. Le char était resté en position. Il balayait notre cache. La porte, le mur, le toit ont volé en éclats.

Le Palestinien s'est accroupi, tourné vers moi.

« Comment t'appelles-tu ?

– Georges. »

---

1. ***Marwan*** : chauffeur de Sam, un druze, qui vient de mourir.
2. ***Jaffa*** : partie sud de Tel-Aviv, appartenant donc à la fois à la mémoire des Palestiniens et à celle des Israéliens.
3. ***Imane*** : Palestinienne sunnite qui devait jouer Antigone, violée et assassinée.

Il a hoché la tête.

« Ahlan wa sahlan [1]. Je m'appelle Mahdi. »

J'ai souri.

« Nous allons mourir, Georges, tu sais ? »

Je l'ai regardé.

Il a étalé la terre dans ses mains, puis s'est frotté le visage avec, le front, le nez, derrière les oreilles, lentement, comme ses ablutions avant la prière.

J'ai sorti la kippa [2] de Sam. Le Palestinien a eu un mouvement.

MAHDI

Tu es juif ?

GEORGES

Non.

MAHDI

Comment ça, non ?

GEORGES *(Il se lève difficilement)*

Je ne suis plus rien.

MAHDI

Où vas-tu ?

GEORGES

Je rentre chez moi.

MAHDI

Dehors tu vas mourir.

GEORGES

Personne ne quitte ce monde vivant.

---

1. ***Ahlan wa sahlan*** : « bienvenue » ou « soyez le bienvenu », en arabe littéraire.
2. ***Kippa*** : chapeau ou *calotte* portée par les Juifs pratiquants.

LE CHŒUR

Le vieil homme a regardé Georges. Il a eu un geste pour le retenir. Le Français avait la kippa de Sam sur la tête, et la clé de Jaffa [1]. Il a laissé son sac à terre. Il a boité vers la sortie, sa ceinture sur la cuisse en garrot. Dans l'ombre du garage, les fantômes le regardaient s'en aller sans un mot, avec sa jambe morte. Anouilh lui murmurait que la tragédie était reposante, commode. Dans le drame, avec ces innocents, ces traîtres, ces vengeurs, cela devenait compliqué de mourir. On se débattait parce qu'on espérait s'en sortir, c'était utilitaire, c'était ignoble. Tandis que la tragédie, c'était gratuit. C'était sans espoir. Ce sale espoir qui gâchait tout. C'était pour les rois, la tragédie. Deux fois, Georges est tombé. Il s'est relevé. Il a heurté une poutre jetée en travers. Et puis il est arrivé à la porte du garage. Il a traversé le quatrième mur [2], celui qui protège les vivants.

La mort l'a pris comme ça. Une kippa sur la tête et une clé dans la main.

L'ÉPILOGUE

« Et voilà. Sans la petite Antigone [3], c'est vrai, ils auraient tous été bien tranquilles. Mais maintenant, c'est fini. Ils sont tout de même tranquilles. Tous ceux qui avaient à mourir sont morts. Ceux qui croyaient une chose, et puis ceux qui croyaient le contraire – même ceux qui ne croyaient en rien et qui se sont trouvés rapidement pris par l'histoire sans rien y comprendre. Morts pareil, tous, bien raides, bien inutiles, bien pourris. Et

---

1. Cette clé est celle de la maison familiale d'Imane, située à Jaffa, que Georges a récupérée avec la bourse contenant la terre.

2. ***Le quatrième mur*** est, en langage théâtral, un mur imaginaire situé sur le devant de la scène, séparant celle-ci des spectateurs et « au travers » duquel ces derniers voient les acteurs jouer, qui sont ainsi coupés de la réalité. Le mur vole ici en éclats puisque le réel rattrape le projet utopique de Georges.

3. ***Antigone*** est une pièce écrite en 1944 par Jean Anouilh, revisitant la tragédie antique de Sophocle. Elle oppose Antigone à son oncle, le roi Créon, qui refuse d'accorder une sépulture à Polynice, l'un des frères de la jeune femme. Antigone brave l'interdiction pour accomplir ce qu'elle estime être son devoir religieux.

ceux qui vivent encore vont commencer à les oublier et à confondre leurs noms. C'est fini. »

Jean Anouilh, *Antigone* (1942).

Sorj Chalandon, *Le Quatrième Mur*,

Compréhension et analyse

1. À quels indices voit-on que Georges va se sacrifier au nom d'idéaux ? En quoi cette fin est-elle tragique ?
2. À l'aide de la pièce d'*Antigone* de Jean Anouilh, établissez les rapprochements faits par Sorj Chalandon et tous les procédés de récriture.
3. En quoi la transmission littéraire œuvre-t-elle contre le principe d'oubli énoncé par l'épilogue ?

DOSSIER

Autour du souvenir : travail lexical
et activités thématiques

Le thème en chansons

Pourquoi écrire une autobiographie ?

Sujets d'exposés

Vers la synthèse de documents :
fiche méthode et entraînement

Vers l'écriture personnelle :
fiche méthode et entraînement

Étude de l'image

Autour du souvenir : travail lexical et activités thématiques

1. Définitions

À l'aide d'un dictionnaire, expliquez le sens des termes « souvenir », « se souvenir » et « mémoire ». Quels liens et quelles différences pouvez-vous établir entre ces mots ?

2. Activités d'écriture

– À la manière de Georges Perec dans *Je me souviens* (1978), établissez le plus rapidement possible une liste de dix phrases commençant par « Je me souviens... ». Prenez ensuite un peu de recul pour analyser les domaines concernés par vos souvenirs. Comment êtes-vous passés d'un souvenir à l'autre ?

– Établissez une liste de cinq mots relatifs à des souvenirs collectifs (événements culturel, historique, sportif...) à l'aide desquels vous compléterez cinq phrases commençant par « Je me souviens ». Confrontez vos souvenirs collectifs avec ceux d'autres personnes. Qu'en déduisez-vous ?

– Choisissez un objet, décrivez le(s) souvenir(s) qu'il fait naître chez vous. Par quel mécanisme le souvenir émerge-t-il ?

3. Expressions

À l'aide d'un dictionnaire, expliquez le sens des expressions ci-dessous. À quels chapitres de l'anthologie pouvez-vous rattacher chacune d'elles : formulez la (ou les) problématique(s) qui y est (sont) associée(s) ? Quelles autres expressions en lien avec le thème connaissez-vous ?

Âge d'or, apprendre par cœur, avoir une mémoire d'éléphant, dépôt légal, en souvenir de, faire table rase, *in memoriam*, *memento mori*, mettre au pilon, pour mémoire, rafraîchir la mémoire, tirer de l'oubli, tomber dans l'oubli...

4. Mots clés

Voici des listes de mots liés au thème de cette anthologie. À l'aide d'un dictionnaire, expliquez-en le sens puis tentez de formuler la (ou les) problématique(s) que chacune sous-tend. À quels chapitres de l'anthologie peut-on relier chacune ?

1. Amnésie, amnistie, effacement, insouciance, Léthé, négligence, omission, pardon, rachat, reconstruction, rédemption, refoulement, réhabilitation, renaissance, résilience, trouble de la mémoire.
2. Arbre généalogique, (faux) souvenir, gratitude, hypermnésie, mémoire involontaire, mémoire sélective, palimpseste, récitation, reconnaissance, régression, rémanence, remémoration, réminiscence, ressassement, trace.
3. Archives, commémoration, conservatisme, héritage, hommage, lieu de mémoire, *memorandum*, modernité, patrimoine, pèlerinage, progrès, progressiste, réactionnaire, reliques, révisionnisme, témoin, tradition, vestiges.
4. Autobiographie, autofiction, avant-garde, biopic, chroniques, mémoires, vanités.
5. Bibliothèque, *cloud*, conservation, conservatoire, disque dur, mémoire morte, mémoire vive, muséification, stockage.

Le thème en chansons

Les liens entre chanson et souvenir sont souvent étroits, soit que la première nous transporte dans un temps passé où nous avions l'habitude de l'entendre, et où elle se trouve associée à un épisode précis de notre vie, soit qu'elle fasse écho à des choses que nous avons nous-mêmes vécues, soit que sa force suggestive – liée aux lignes mélodiques qu'elle propose et aux tonalités qu'elle développe – fasse jaillir des souvenirs dont elle est pourtant totalement détachée, soit enfin qu'elle s'intéresse à la thématique même du souvenir.

Dans la chanson qu'elle interprète, Jeanne Moreau évoque le passé qui s'estompe et la mémoire qui faiblit, mais le halo du souvenir n'en est que plus séduisant. Charles Aznavour, lui, célèbre un passé révolu dont l'image ravive une émotion palpable. Enfin, Patrick Bruel, en duo avec Nilda Fernandez, convoque un épisode tragique de l'histoire de l'Argentine : l'enlèvement et le massacre d'enfants commis par la dictature en place de 1976 à 1983. L'enregistrement historique qui introduit le morceau est un témoignage vibrant de ce passé douloureux.

Serge Rezvani/ Jeanne Moreau, « J'ai la mémoire qui flanche » (1963)

J'ai la mémoire qui flanche
J'me souviens plus très bien
Comme il était très musicien
Il jouait beaucoup des mains
Tout entre nous a commencé
Par un très long baiser
Sur la veine bleutée du poignet
Un long baiser sans fin

J'ai la mémoire qui flanche
J'me souviens plus très bien
Quel pouvait être son prénom,
Et quel était son nom ?
Il s'appelait, je l'appelais
Comment l'appelait-on ?
Pourtant c'est fou ce que j'aimais
L'appeler par son nom

J'ai la mémoire qui flanche
J'me souviens plus très bien
De quelle couleur étaient ses yeux ?
Je crois pas qu'ils étaient bleus

Étaient-ils verts, étaient-ils gris ?
Étaient-ils vert-de-gris ?
Ou changeaient-ils tout le temps d'couleur
Pour un non pour un oui

J'ai la mémoire qui flanche
J'me souviens plus très bien

Habitait-il ce vieil hôtel
Bourré de musiciens
Pendant qu'il me, pendant que je
Pendant qu'on faisait la fête
Tous ces saxos ces clarinettes
Qui me tournaient la tête

J'ai la mémoire qui flanche
J'me souviens plus très bien
Lequel de nous deux s'est lassé
De l'autre le premier ?
Était-ce moi ? Était-ce lui ?
Était-ce donc moi ou lui ?
Tout ce que je sais c'est que depuis
Je n'sais plus qui je suis

J'ai la mémoire qui flanche
J'me souviens plus très bien
Voilà qu'après toutes ces nuits blanches
Il me reste plus rien
Rien qu'un p'tit air qu'il sifflotait
Chaque jour en se rasant

Pa dou di dou da di dou di
Pa dou di dou da di dou
Pa dou di dou da di dou

Pa dou da di dou di
Pa dou di dou da dou da
Pa dou da dou da di dou

« J'ai la mémoire qui flanche »,
paroles et musique de Serge Rezvani ;

Jacques Plante/ Charles Aznavour, « La Bohème » (1965)

Je vous parle d'un temps
Que les moins de vingt ans
Ne peuvent pas connaître
Montmartre [1] en ce temps-là
Accrochait ses lilas
Jusque sous nos fenêtres
Et si l'humble garni [2]
Qui nous servait de nid
Ne payait pas de mine
C'est là qu'on s'est connu
Moi qui criais famine
Et toi qui posais nue
La bohème, la bohème
Ça voulait dire
On est heureux
La bohème, la bohème
Nous ne mangions qu'un jour sur deux.

---

1. Montmartre est un quartier du nord de Paris, où vivaient de nombreux artistes venus tenter leur chance dans la capitale et menant une existence précaire.
2. *Garni* : logement loué meublé et équipé.

Dans les cafés voisins
Nous étions quelques-uns
Qui attendions la gloire
Et bien que miséreux
Avec le ventre creux
Nous ne cessions d'y croire
Et quand quelques bistrots
Contre un bon repas chaud
Nous prenaient une toile
Nous récitions des vers
Groupés autour du poêle
En oubliant l'hiver
La bohème, la bohème
Ça voulait dire
Tu es jolie
La bohème, la bohème
Et nous avions tous du génie.

Souvent il m'arrivait
Devant mon chevalet
De passer des nuits blanches
Retouchant le dessin
De la ligne d'un sein
Du galbe d'une hanche
Et ce n'est qu'au matin
Qu'on s'asseyait enfin
Devant un café crème
Épuisés mais ravis
Fallait-il que l'on s'aime
Et qu'on aime la vie
La bohème, la bohème
Ça voulait dire
On a vingt ans
La bohème, la bohème
Et nous vivions de l'air du temps.

Quand au hasard des jours
Je m'en vais faire un tour
À mon ancienne adresse
Je ne reconnais plus
Ni les murs ni les rues
Qui ont vu ma jeunesse
En haut d'un escalier
Je cherche l'atelier
Dont plus rien ne subsiste
Dans son nouveau décor
Montmartre semble triste
Et les lilas sont morts
La bohème, la bohème
On était jeunes
On était fous
La bohème, la bohème
Ça ne veut plus rien dire du tout.

« La Bohème », paroles de Jacques Plante ; musique de Charles Aznavour ; © Éditions musicales DJANIK.

Nilda Fernandez et Patrick Bruel, « Nunca más » (1999)

Dignes, belles,
Elles tournent sur elles-mêmes,
Les rides creusées,
Les larmes n'ont pas séché
Elles dansent sans bruit
Leurs enfants disparus,
Disparus dans la nuit
Leurs enfants perdus

Sur les terres de Piazzolla [1]
Muets sont les poètes
À moins de parler bas
Mais dans le clair-obscur,
À l'heure de tous les rêves,
Soudain une voix s'élève…

Nunca más !
Nunca dormir, y nunca dejar olvidar,
Bailar al viento que los desaparecio…
La sangre nunca acaba de gritar,
El viento siempre acaba por cambiar [2]

Folles, elles dansent,
Elles ont vaincu l'oubli
Elles savent la force
Qui jamais ne les trahit
L'histoire est lente
Mais elles la font tourner
Ce soir, elles chantent
Les diables sont jugés…

Nunca más !
Nunca dormir, y nunca dejar olvidar,
Bailar al viento que los desaparecio…
La sangre nunca acaba de gritar,
El viento siempre acaba por cambiar

---

1. ***Astor Piazzolla*** (1921-1992) est un musicien et compositeur argentin, très connu notamment pour ses compositions de tango.
2. « Plus jamais !/ Ne plus jamais dormir, et faire que jamais on n'oublie,/ Danser dans le vent qui les a fait disparaître…/ Le sang n'en finit jamais de crier,/ Le vent finit toujours par tourner » (trad. Vincent Denizeau).

Ambiance introduction enregistrée par Nilda Fernandez sur la Place de Mai à Bueno Aires... un certain jeudi.

« Nunca más », *Juste avant*,
paroles de Patrick Bruel et Marie-Florence Gros ;
musique de David Moreau ;
© 1999 by 14 Productions.

Pourquoi écrire une autobiographie ?

L'un des *topoï* du genre autobiographique est la justification associée au projet (voir encadré, p. 177). L'autobiographie s'apparente à une forme d'aveu, de plaidoyer et de désir de reconnaissance de l'auteur. Ainsi, Jean-Jacques Rousseau formule clairement les visées de son œuvre, imaginant le souvenir qu'elle laissera après sa mort, et s'engageant à raconter ce qu'il a fait, tel qu'il l'a fait, sans taire aucun aspect de son existence (p. 176).

Doté d'un but didactique ou moral, le projet devient défi face au temps et répond à un désir de connaissance de soi et de l'homme en général.

Dans l'autobiographie fictive imaginée par Marguerite Yourcenar (p. 179), c'est la même ambition qui anime l'empereur Hadrien (76-138) à l'approche de la mort, se tournant vers son passé pour tenter de se raconter à son protégé Marc Aurèle (121-180), futur empereur, de mieux se connaître et de comprendre l'humanité. Les souvenirs du vieil homme se veulent pourvus d'une valeur universelle.

Quand Nathalie Sarraute refuse le projet autobiographique traditionnel en proposant un dédoublement narratif (p. 180), ce sont toutes nos interrogations contemporaines sur l'unicité de l'identité auteur-narrateur-personnage et sur la fiabilité de nos souvenirs qui se font jour.

Jean-Jacques Rousseau, *Les Confessions* (1782-1789)

Voici le seul portrait d'homme, peint exactement d'après nature et dans toute sa vérité, qui existe et qui probablement existera jamais. Qui que vous soyez, que ma destinée ou ma confiance ont fait l'arbitre du sort de ce cahier, je vous conjure par mes malheurs, par vos entrailles, et au nom de toute l'espèce humaine, de ne pas anéantir un ouvrage unique et utile, lequel peut servir de première pièce de comparaison pour l'étude des hommes, qui certainement est encore à commencer, et de ne pas ôter à l'honneur de ma mémoire le seul monument sûr de mon caractère qui n'ait pas été défiguré par mes ennemis. Enfin, fussiez-vous, vous-même, un de ces ennemis implacables, cessez de l'être envers ma cendre, et ne portez pas votre cruelle injustice jusqu'au temps où ni vous ni moi ne vivrons plus, afin que vous puissiez vous rendre au moins une fois le noble témoignage d'avoir été généreux et bon quand vous pouviez être malfaisant et vindicatif : si tant est que le mal qui s'adresse à un homme qui n'en a jamais fait ou voulu faire, puisse porter le nom de vengeance.

J.-J. Rousseau.

LIVRE PREMIER

Intus, et in cute [1].

Je forme une entreprise qui n'eut jamais d'exemple et dont l'exécution n'aura point d'imitateur. Je veux montrer à mes semblables un homme dans toute la vérité de la nature ; et cet homme ce sera moi.

Moi, seul. Je sens mon cœur et je connais les hommes. Je ne suis fait comme aucun de ceux que j'ai vus ; j'ose croire n'être fait comme aucun de ceux qui existent. Si je ne vaux pas mieux, au

1. ***Intus, et in cute*** : citation latine pouvant se traduire par : « Dans ta vie intérieure et dans ta chair » (fragment d'un vers du poète latin Perse, *Satire III*, v. 30).

Zoom sur

Le genre autobiographique

Étymologiquement, le terme « autobiographie » vient des mots grecs *auto* (« soi-même »), *bios* (« vie ») et *graphein* (« écrire »). En littérature, cette notion désigne le récit qu'une personne fait rétrospectivement de sa propre vie et répond donc à l'invite : « Je me souviens ».

En 1970, dans *Le Pacte autobiographique*, Philippe Lejeune essaye de théoriser le genre autobiographique et le caractérise comme un « récit rétrospectif en prose qu'une personne réelle fait de sa propre existence, lorsqu'elle met l'accent sur sa vie individuelle, en particulier sur l'histoire de sa personnalité [1] ». L'autobiographie repose sur un engagement que l'auteur prend avec le lecteur : celui de raconter sa propre vie dans un esprit de vérité. Renseigné sur la nature autobiographique de l'œuvre par son paratexte (nom de l'auteur, titre de l'ouvrage, etc.), le lecteur sait que les faits racontés sont ceux vécus par l'auteur.

Depuis les *Confessions* de saint Augustin au IVe siècle (p. 53), ce genre n'a cessé d'être exploré par la littérature, qu'on pense aux *Essais* de Montaigne, au XVIe siècle, dans lesquels l'auteur tente de se dépeindre pour mieux se connaître, ou aux *Confessions* de Rousseau en 1782 (p. 178), aux *Mémoires d'outre-tombe* de Chateaubriand au XIXe siècle et aux nombreux exemples qui ont vu le jour aux XXe et XXIe siècles, où le genre bénéficie d'un vif intérêt.

À la frontière de l'autobiographie se situent d'autres genres, tels le roman autobiographique, qui mêle fiction et

1. Philippe Lejeune, *Le Pacte autobiographique*, Seuil, 1975, rééd. coll. « Points », 1996, p. 14.

souvenirs et ne respecte pas l'identité entre auteur, narrateur et personnage (on pense à *Un barrage contre le Pacifique*, de Marguerite Duras, dans lequel la vie de Suzanne est racontée à la troisième personne mais retrace l'existence de l'auteur), l'autobiographie fictive (comme les *Mémoires d'Hadrien*, de Marguerite Yourcenar, p. 179), le journal intime, où l'auteur écrit au jour le jour (comme *Le Journal* d'Anne Frank), les Mémoires, où l'auteur, qui est témoin ou acteur d'événements historiques, écrit pour exposer sa vie publique (les *Mémoires* de Napoléon à Sainte-Hélène), les fragments dans lesquels les souvenirs se présentent sous la forme de courts paragraphes sans liens logiques, et le récit témoignage, dans lequel l'auteur fait partager une expérience personnelle d'un événement (tel *Si c'est un homme* de Primo Levi, p. 130). En outre, face à des récits comme *L'Africain* de J.-M.G. Le Clézio (p. 22) et *Le Livre de ma mère* d'Albert Cohen (p. 26), on s'interroge : le narrateur-personnage raconte-t-il sa vie ou celle du parent ?

La transcription littéraire des souvenirs ne va donc pas sans poser un certain nombre de questions : comment raconter sa vie alors que la mémoire est lacunaire ? Quel crédit accorder à ce qui est raconté, quand les auteurs prennent des libertés et remodèlent leurs propres souvenirs à la faveur de la fiction, du style ou de la forme ? ou pour se mettre en valeur ?

moins je suis autre. Si la nature a bien ou mal fait de briser le moule dans lequel elle m'a jeté, c'est ce dont on ne peut juger qu'après m'avoir lu.

Que la trompette du Jugement dernier sonne quand elle voudra, je viendrai, ce livre à la main, me présenter devant le souverain juge [1]. Je dirai hautement : « Voilà ce que j'ai fait, ce que j'ai pensé, ce que je fus. J'ai dit le bien et le mal avec la même franchise. Je n'ai rien tu de mauvais, rien ajouté de bon, et s'il m'est arrivé d'employer quelque ornement indifférent, ce n'a jamais été que pour remplir un vide occasionné par mon défaut de mémoire ; j'ai pu supposer vrai ce que je savais avoir pu l'être, jamais ce que je savais être faux. Je me suis montré tel que je fus ; méprisable et vil quand je l'ai été, bon, généreux, sublime, quand je l'ai été : j'ai dévoilé mon intérieur tel que tu l'as vu toi-même. Être éternel rassemble autour de moi l'innombrable foule de mes semblables ; qu'ils écoutent mes confessions, qu'ils gémissent de mes indignités, qu'ils rougissent de mes misères. Que chacun d'eux découvre à son tour son cœur aux pieds de ton trône avec la même sincérité ; et puis qu'un seul te dise, s'il l'ose : *Je fus meilleur que cet homme-là.* »

Jean-Jacques Rousseau, *Les Confessions*, Flammarion, coll. « Étonnants Classiques », 2007, p. 49-52.

Marguerite Yourcenar, *Mémoires d'Hadrien* (1951)

Peu à peu, cette lettre commencée pour t'informer des progrès de mon mal est devenue le délassement d'un homme qui n'a plus l'énergie nécessaire pour s'appliquer longuement aux affaires d'État, la méditation écrite d'un malade qui donne audience à ses souvenirs. Je me propose maintenant davantage : j'ai formé le projet de te raconter ma vie. À coup sûr, j'ai composé l'an dernier un compte rendu officiel de mes actes, en tête duquel mon secrétaire

1. ***Le souverain juge*** : Dieu. Dans la tradition chrétienne, le jour du Jugement dernier, annoncé par sept anges sonnant la trompette, est celui où Dieu décide du sort (salut ou condamnation à l'enfer) de tous les hommes, vivants et morts ressuscités.

Phlégon a mis son nom. J'y ai menti le moins possible. L'intérêt public et la décence m'ont forcé néanmoins à réarranger certains faits. La vérité que j'entends exposer ici n'est pas particulièrement scandaleuse, ou ne l'est qu'au degré où toute vérité fait scandale. Je ne m'attends pas à ce que tes dix-sept ans y comprennent quelque chose. Je tiens pourtant à t'instruire, à te choquer aussi. Tes précepteurs, que j'ai choisis moi-même, t'ont donné cette éducation sévère, surveillée, trop protégée peut-être, dont j'espère somme toute un grand bien pour toi-même et pour l'État. Je t'offre ici comme correctif un récit dépourvu d'idées préconçues et de principes abstraits, tiré de l'expérience d'un seul homme qui est moi-même. J'ignore à quelles conclusions ce récit m'entraînera. Je compte sur cet examen des faits pour me définir, me juger peut-être, ou tout au moins pour me mieux connaître avant de mourir.

Comme tout le monde, je n'ai à mon service que trois moyens d'évaluer l'existence humaine : l'étude de soi, la plus difficile et la plus dangereuse, mais aussi la plus féconde des méthodes ; l'observation des hommes, qui s'arrangent le plus souvent pour nous cacher leurs secrets ou pour nous faire croire qu'ils en ont ; les livres, avec les erreurs particulières de perspective qui naissent entre leurs lignes. J'ai lu à peu près tout ce que nos historiens, nos poètes, et même nos conteurs ont écrit, bien que ces derniers soient réputés frivoles, et je leur dois peut-être plus d'informations que je n'en ai recueilli dans les situations assez variées de ma propre vie. La lettre écrite m'a enseigné à écouter la voix humaine, tout comme les grandes attitudes immobiles des statues m'ont appris à apprécier les gestes. Par contre, et dans la suite, la vie m'a éclairci les livres.

Mais ceux-ci mentent, et même les plus sincères.

Marguerite Yourcenar, *Mémoires d'Hadrien*, © Gallimard, coll. « Folio », 2015, p. 29-30.

Nathalie Sarraute, *Enfance* (1983)

– Alors, tu vas vraiment faire ça ? « Évoquer tes souvenirs d'enfance »... Comme ces mots te gênent, tu ne les aimes pas. Mais reconnais que ce sont les seuls mots qui conviennent. Tu veux « évoquer tes souvenirs »… il n'y a pas à tortiller, c'est bien ça.

– Oui, je n'y peux rien, ça me tente, je ne sais pas pourquoi…

– C'est peut-être… est-ce que ce ne serait pas… on ne s'en rend parfois pas compte… c'est peut-être que tes forces déclinent…

– Non, je ne crois pas… du moins je ne le sens pas…

– Et pourtant ce que tu veux faire… « évoquer tes souvenirs »… est-ce que ce ne serait pas…

– Oh, je t'en prie…

– Si, il faut se le demander : est-ce que ce ne serait pas prendre ta retraite ? te ranger ? quitter ton élément, où jusqu'ici, tant bien que mal…

– Oui, comme tu dis, tant bien que mal…

– Peut-être, mais c'est le seul où tu aies jamais pu vivre… celui…

– Oh, à quoi bon ? je le connais.

– Est-ce vrai ? Tu n'as vraiment pas oublié comment c'était là-bas ? comme là-bas tout fluctue, se transforme, s'échappe… tu avances à tâtons, toujours cherchant, te tendant… vers quoi ? qu'est-ce que c'est ? ça ne ressemble à rien… personne n'en parle… ça se dérobe, tu l'agrippes comme tu peux, tu le pousses… où ? n'importe où, pourvu que ça trouve un milieu propice où ça se développe, où ça parvienne peut-être à vivre… Tiens, rien que d'y penser…

– Oui, ça te rend grandiloquent. Je dirai même outrecuidant [1]. Je me demande si ce n'est pas toujours cette même crainte… Souviens-toi comme elle revient chaque fois que quelque chose d'encore informe se propose… Ce qui nous est resté des anciennes tentatives nous paraît toujours avoir l'avantage sur ce qui tremblote quelque part dans les limbes…

– Mais justement, ce que je crains, cette fois, c'est que ça ne tremble pas… pas assez… que ce soit fixé une fois pour toutes, du « tout cuit », donné d'avance…

1. ***Outrecuidant*** : prétentieux.

– Rassure-toi pour ce qui est d'être donné… c'est encore tout vacillant, aucun mot écrit, aucune parole ne l'ont encore touché, il me semble que ça palpite faiblement… hors des mots… comme toujours… des petits bouts de quelque chose d'encore vivant… je voudrais, avant qu'ils disparaissent… laisse-moi…

– Bon. Je me tais… d'ailleurs nous savons bien que lorsque quelque chose se met à te hanter…

– Oui, et cette fois, on ne le croirait pas, mais c'est de toi que me vient l'impulsion, depuis un moment déjà tu me pousses…

– Moi ?

– Oui, toi par tes objurgations, tes mises en garde… tu le fais surgir… tu m'y plonges…

Nathalie Sarraute, *Enfance*,

Sujets d'exposés

1. Art et souvenirs
2. Souvenir et psychanalyse
3. Le souvenir en littérature
4. La nostalgie
5. Le temps et le souvenir
6. La mémoire des génocides
7. Le devoir de mémoire
8. Les maladies de la mémoire
9. Souvenir et cinéma
10. Souvenirs et politique
11. Souvenirs et histoire
12. Le souvenir individuel et collectif en bande dessinée
13. La mnémotechnie
14. Le droit à l'oubli

15. La résilience
16. Souvenir et oubli
17. Oubli et mort
18. Oubli et besoin
19. Mémoire et société
20. Souvenir et identité
21. Histoire, histoires, mémoire

Vers la synthèse de documents : fiche méthode et entraînement

Rappel de la méthodologie

Voir p. 184.

Entraînement : sujets de synthèse de documents

1. Le fonctionnement de la mémoire

Documents pour la synthèse : Jean-François Marmion, « Mémoire : n'oublie pas d'oublier », p. 16 ; Marcel Proust, *Du côté de chez Swann*, p. 19 ; Jean-Marie Gustave Le Clézio, *L'Africain*, p. 22 ; iconographie : René Magritte, *La Mémoire*, p. 1 du cahier photos.

2. La dimension personnelle, émotionnelle et collective du souvenir

Documents pour la synthèse : Olivier Luminet, « Souvenirs flashes : le rôle des émotions », p. 28 ; Maurice Halbwachs, *La Mémoire collective*, p. 35 ; Alain Rémond, *Chaque jour est un adieu*, p. 32 ; iconographie : œuvre de Randy Mora, p. 2 du cahier photos.

3. Le travail de la mémoire

Documents pour la synthèse : Marc Augé, *Les Formes de l'oubli*, p. 51 ; Jean-Yves et Marc Tadié, *Le Sens de la mémoire*, p. 61 ; Patrick

Fiche méthode

[Introduction]

✓ J'introduis en donnant le thème commun aux documents.

✓ Je poursuis en présentant brièvement ces documents : titre, auteur, date, genre et thèse principale.

✓ Je formule, sous forme de question, la problématique que soulèvent ces documents.

✓ J'annonce le plan de ma synthèse : deux à trois parties articulées logiquement.

[Développement]

✓ Je propose un plan cohérent en articulant parties (au moins deux) et sous-parties (au moins deux).

✓ J'annonce la logique de ma partie dans une phrase clairement détachée.

✓ J'exploite tous les documents en les identifiant de manière distincte.

✓ Je reprends les idées principales des textes, sans en omettre ni en ajouter.

✓ Je ne fais aucun commentaire personnel.

✓ Je résume les idées en les reformulant et en évitant les citations (pas plus de quatre pages pour la synthèse).

✓ Je compose chaque paragraphe avec rigueur : marqué par un alinéa, un paragraphe comprend une idée directrice, une confrontation d'au moins deux documents autour de cette idée et une phrase de transition.

[Conclusion]

✓ Je présente un bilan de ma synthèse.

✓ Je propose une ouverture qui élargit le débat.

[Pour l'ensemble]

✓ Je vérifie que tout mon travail est bien rédigé (pas de puces, de tirets...) et bien présenté.

✓ Je me relis en portant mon attention sur la syntaxe, la concision du propos, la ponctuation, l'orthographe et la grammaire, l'insertion des citations et le vocabulaire choisi.

Chamoiseau, *Une enfance créole*, p. 58 ; iconographie : pochette de l'album d'OGB, *La Mémoire*, p. 4 du cahier photos.

4. Se souvenir pour avancer

Documents pour la synthèse : propos de Patrick Estrade recueillis par Valérie Colin-Simard, « À quoi servent nos souvenirs », p. 75 ; Boris Cyrulnik, *Un merveilleux malheur*, p. 78 ; Georges Perec, *W ou le Souvenir d'enfance*, p. 80 ; iconographie : Frida Khalo, *La Colonne brisée*, p. 3 du cahier photos.

5. L'oubli à l'ère du numérique

Documents pour la synthèse : Jean-François Fogel et Bruno Patino, *La Condition numérique*, p. 102 ; Martin Untersinger, « Internet : du devoir de mémoire au "droit à l'oubli" », p. 107 ; Jean-Philippe Blondel, *Blog*, p. 104 ; iconographie : dessin de Vidberg sur le droit à l'oubli, p. 109.

6. L'oubli et ses limites

Documents pour la synthèse : Friedrich Nietzsche, *La Généalogie de la morale*, 2e dissertation, p. 87 ; Simon-Daniel Kipman, *L'Oubli et ses vertus*, p. 93 ; Charles Baudelaire, *Les Fleurs du mal*, p. 85 ; iconographie : affiche de la fondation France Alzheimer, p. 5 du cahier photos, ou affiche du film *Eternal Sunshine of the Spotless Mind*, page 3 de couverture.

7. Lieux de mémoire

Documents pour la synthèse : Pierre Nora, « Entre Mémoire et histoire, la problématique des lieux », p. 114 ; François Hartog, « Le passé pour seul horizon ? », p. 123 ; Thierry Jonquet, *La Vigie*, p. 117 ; iconographie : monument aux morts de la Première Guerre mondiale, p. 6 du cahier photos.

8. La mémoire de la Shoah

Documents pour la synthèse : Primo Levi, *Si c'est un homme*, p. 130 ; Jean-Marie Lustiger, « La Mémoire de la Shoah », p. 138 ; Elie Wiesel,

La Nuit, p. 135 ; iconographie : Christian Boltanski, installation « Personnes », p. 7 du cahier photos.

9. L'amnésie collective

Documents pour la synthèse : Paul Ricœur, *La Mémoire, l'Histoire, l'Oubli*, p. 145 ; Jacques Le Goff, *Histoire et Mémoire*, p. 151 ; George Orwell, *1984*, p. 148 ; iconographie : couverture du livre québécois *Je me souviens*, p. 4 du cahier photos.

Vers l'écriture personnelle : fiche méthode et entraînement

Rappel de la méthodologie

Voir p. 187.

Entraînement : sujets d'écriture personnelle

Pour répondre à ces sujets d'écriture personnelle, vous prendrez appui sur les textes de l'anthologie, sur les nouvelles proposées en prolongement dans le recueil *Histoires de ceux qui oublient... ou pas* (voir page 2 de couverture), et sur votre culture personnelle.

1. Selon vous, le souvenir est-il lié au passé plus qu'au présent ?
2. Nos souvenirs sont-ils construction ou reconstruction ?
3. Peut-on préférer se souvenir plutôt que vivre ?
4. Les souvenirs déterminent-ils votre identité ?
5. Selon vous, se souvenir est-il une force ou une faiblesse pour l'individu ?
6. Peut-on être aliéné par son passé ?
7. Est-ce une perte de temps que se souvenir ?
8. Se souvenir est-il le propre de l'homme ?
9. Entre hypermnésie et amnésie, laquelle de ces deux pathologies vous semble la moins préjudiciable ?

Fiche méthode

[Introduction]

✓ J'introduis le sujet.

✓ Je présente la question en la reformulant si nécessaire. S'il s'agit d'une citation, je la recopie entre guillemets et présente la question qu'elle soulève.

✓ J'annonce mon plan.

[Développement]

✓ Je propose un plan cohérent en articulant parties (au moins deux) et sous-parties (au moins deux) autour de mon point de vue personnel sur le sujet

✓ J'annonce la logique de ma partie dans une phrase clairement détachée.

✓ Je compose chaque paragraphe avec rigueur : marqué par un alinéa, un paragraphe comprend une idée directrice, au moins deux exemples de culture générale exploités pour défendre cette idée et une phrase de transition.

✓ Je vérifie la pertinence de mes arguments et de mes références ainsi que leur variété.

[Conclusion]

✓ Je propose un bilan de ma synthèse en donnant une réponse personnelle (j'utilise le « je »).

✓ J'élargis le thème en le reliant à une question de société.

[Pour l'ensemble]

✓ Je vérifie que tout mon travail est bien rédigé (pas de puces, de tirets...) et bien présenté.

✓ Je me relis en portant mon attention sur la syntaxe, la concision du propos, la ponctuation, l'orthographe et la grammaire, l'insertion des citations et le vocabulaire choisi.

10. Faut-il oublier le passé pour se construire un avenir ?
11. Comment se construire sereinement sans l'oubli ?
12. Est-il possible de hiérarchiser ses souvenirs ?
13. La numérisation du souvenir est-elle le meilleur moyen d'oublier ?
14. Souhaiteriez-vous avoir une mémoire plus développée ?
15. Oublier et effacer, est-ce la même chose ?
16. Le passé, à quoi bon ?
17. À quoi sert d'oublier ?
18. Existe-t-il un droit à l'oubli ?
19. Selon vous, le souvenir collectif est-il une force pour les sociétés ?
20. Selon vous, certains événements de l'histoire doivent-ils être maintenus dans l'oubli ?
21. Les hommes sont-ils malades de leur mémoire ?
22. Selon vous, les souvenirs permettent-ils à l'homme de progresser ?
23. Quelle place accorder à l'oubli des divisions et des conflits passés ?
24. Les souvenirs sont-ils un danger pour l'homme ?
25. La mémoire peut-elle rester vive ?

Étude de l'image

Observez le tableau *La Mémoire* de René Magritte (1898-1967), réalisé en 1938, reproduit dans le cahier photos (p. 1), puis répondez aux questions suivantes :

1. Quels éléments sont susceptibles d'étonner le spectateur sur cette toile ? Pourquoi ?
2. Décrivez l'arrière-plan et le premier plan du tableau. Qu'en pensez-vous ?

3. Par quoi l'arrière-plan et le premier plan sont-ils séparés ? Expliquez cette séparation.
4. Comparez les éléments mobiles et les éléments statiques de cette œuvre. Qu'en concluez-vous ?
5. Observez le jeu d'ombres et de lumières. Que peut-il signifier d'après vous ?
6. Que représente le sang sur la tempe de la tête ?
7. Trouvez une signification aux fêlures qui apparaissent dans ce tableau. Quel rapport y a-t-il avec la mémoire ?
8. Que peuvent représenter les deux autres objets qui sont à côté de la tête, sur le parapet ?
9. Magritte essaie-t-il de représenter des objets ou une idée ? Est-ce une représentation de notre pensée en action ? Justifiez votre réponse.
10. Expliquez le titre du tableau, avec vos propres mots. Existe-t-il une adéquation entre l'œuvre et son titre ? Justifiez votre réponse.

Imprimé à Barcelone par:

BLACK PRINT

Mise en page par Meta-systems
59100 Roubaix

N° d'édition : L.01EHRN00445.C002
Dépôt légal : août 2015